「原発VS再エネ」を超えた
真の国益とは!

エネルギー政策は国家なり

福島伸享《のぶゆき》
前衆議院議員
元経済産業省官僚

エネルギーフォーラム

「脱皮できない蛇は滅びる。意見を脱皮していくことを妨げられた精神も同じことである。それは精神であることをやめる」

ニーチェ『曙光』

はじめに

平成31（2019）年4月30日――平成最後の日。

退位礼正殿の儀で「今日をもち、天皇としての務めを終えることになりました。……即位から30年、これまでの天皇としての務めを、国民への深い信頼と敬愛をもって行い得たことは、幸せなことでした」。

お言葉を述べられる天皇陛下（現・上皇陛下）を拝見していて、私は、なぜか涙があふれて止まらなくなりました。高校を卒業した年が平成元（1989）年ですから、大人になって過ごした年月はほぼ平成の御代にあたります。さらに、平成7（1995）年に通商産業省に入省して以降、役人、政治家として公の仕事に携わってきましたから、この時代への一定の責任があるものと自負しています。

振り返ってみると、平成元年は、それ以降の世界や日本社会の変動のきっかけとなる大きな出来事が相次いだ年でした。同年12月にブッシュ・ゴルバチョフ会談で米ソ冷戦が終結し、ベルリンの壁も崩壊しました。イデオロギー対立の時代は終焉を迎え、世界の市場がひとつになる文字どおりグローバリズムが始まることとなったのが平成元年です。

国内を見てみると、リクルート事件によって竹下内閣が総辞職しました。金権政治批判のなかで「山が動いた」というセリフとともに参議院議員選挙で社会党が躍進して、自民党の議席が初めて過半数を割りました。田中角栄元首相がこの年に引退したのも、ひとつの昭和の政治の終わりを告げるものでした。この４年後には、細川非自民党連立内閣が誕生することになります。

経済面で見ると、三菱地所がニューヨークのロックフェラーセンターを買収するなどバブル経済の絶頂期。年末の12月29日には、東京証券取引所の日経平均株価が３万８９５４円44銭の史上最高値を記録しました。消費税が始まったのも、この年です。翌年には、青函トンネルや瀬戸大橋、東京ドームなどの今の日本社会を支える大規模施設やインフラが完成しています。

あれから30年。国民一人ひとりの豊かさを表す１人当たりの名目国内総生産（ＧＤＰ）は、平成元年に世界４位だったのが、平成30（２０１８）年には世界26位。アジアの中でもマカオ、カタール、シンガポール、香港、アラブ首長国連邦（ＵＡＥ）に次ぐ6位にまで転落してしまいました。平成元年には日本のわずか5分の1ほどだった韓国と、いつの間にか平成30年には同水準になってしまってるのです。国全体の名目ＧＤＰでみても、平成元年には日本の6分の１以下だった中国は、平成30年には逆に日本の約２・7倍にまで成長し、もうすでに日本は名実ともにアジア一の経済大国の地位から転落してしまっています。

民間企業の活動で見てみても、平成元年には時価総額で世界1位の日本電信電話（ＮＴＴ）

を筆頭にベスト50に32社も入っていた日本企業は、平成30年にはベスト50にわずかトヨタ自動車1社だけが入るまでに退潮してしまいました。一方、平成元年に天安門事件の混乱にあった中国は、この30年間に成長を続け、日本を大きく超える8社がベスト50に入っています。製造業、金融業、情報技術（ＩＴ）などサービス産業をみても、今や世界に冠たる日本企業は、わずかしかなくなってしまいました。

こうなる可能性があるという危機感は、私が通商産業省に入った平成7年にはすでに政府、少なくとも通商産業省の中にはありました。私も末席で携わってきた橋本内閣の行政改革では、行政改革会議の『最終報告』（平成9年）の冒頭で、こう言っています。

「われわれは今、国家・社会の在り方の基本にかかわる困難な諸課題を抱え、いかにしてこれに果敢に取り組み、光輝を放つ21世紀日本の展望を切り拓くことができるかという重大な岐路に立たされている」。

「右肩上がりの経済成長が終焉し、社会の成熟化に伴い、国民の価値観が多様化するなかで、かつて国民の勤労意欲を喚起し、社会に活力をもたらした同じシステムが、現在ではむしろ、もたれあいの構造を助長し、社会の閉塞感を強め、国民の創造意欲やチャレンジ精神を阻害する要因となりつつある」。

「制度疲労のおびただしい戦後型行政システムを改め、自律的な個人を基礎としつつ、より自由かつ公正な社会を形成するにふさわしい21世紀型行政システムへと転換する」。

このような問題意識を背景に、行政システムだけでなく、経済システム、社会システムなど、あらゆる戦後に作られた制度を、時代の変化に合わせて作り直していかなければならない。そういう思いで、当時の通商産業省の若手官僚たちは、エネルギーシステム改革に挑戦し始めました。私も、その渦の中に飛び込みました。

しかし、そうした制度改革は、エネルギー分野だけではなく、金融の分野も、情報通信の分野も、医療・バイオの分野も、農業の分野も、平成の時代に遅々として進むことがありませんでした。その結果が、先に述べたような日本の世界での地位、アジアでの地位の著しい低下として現れました。

25年も前にこうなることはわかっていたのに、いたずらに時間を費やしてこうなってしまったことに、私は忸怩たる思いを持たざるを得ません。私は、結局のところ、国民の選択を受けた政治の意思がなければ、戦後型行政システムにどっぷりと浸かったこの国を動かすことはできないと確信をして、私は政治の世界に挑戦しました。橋本行革に携わった同志の若手官僚たちの多くも、政治の変革を志して非自民陣営から政治にチャレンジし、平成21年には、ついに民主党への政権交代が実現しました。

しかし、民主党政権は、まったくの期待外れの失敗に終わってしまいました。エネルギー政策も政治主導を掲げながら、実際にやったのは守旧派官僚のつくるバックギアの政策そのものとなってしまったのです。平成24（２０１２）年に第2次安倍政権が誕生し、「民主党政権よりはマシ」という多くの国民の思いに支えられながら長期政権を謳歌しています。さまざまな派手なキャッチフレーズや「改革」を叫ぶ声が舞い飛んでいますが、本質的なものは何も変わっていません。

のちの章で述べるように、政権が変わろうが、首相や経済産業大臣が変わろうが、平成のエネルギー失政の流れはほとんど変わることがありませんでした。この間も、ずっと日本経済は停滞し、国際的な地位は低下し続けています。このような平成の歩みを、私自身の志と、歩んできた苦難の道のりとともに振り返ってみると、「まだ、こんなところにいるのか、このあいだ何をやっていたんだ」と憂国の情があふれてきます。

令和の時代こそ、なんとかしなければならない。老いた天皇陛下がご譲位される姿を拝見しながら、自らの不甲斐なさを感じ、涙しながら改めて強く誓ったのでした。新たな元号を迎えれば、平成のときがそうだったように時代は必ず大きく動きます。

世界が大転換をした平成の時代に、日本が戦後型システムを転換できずに停滞した轍を再び踏まぬよう、新しい令和の時代に今度こそエネルギー産業を核として日本の再生を実現したい――。このような熱い思いを込めて執筆したのが本書です。

先ほど述べた行政改革会議の『最終報告』では、「今回の行政改革は、『行政』の改革であると同時に、国民が、明治憲法体制下にあって統治の客体という立場に慣れ、戦後も行政に依存しがちであった『この国の在り方』自体の改革であり、それは取りも直さず、この国を形作っている『われわれ国民』自身の在り方にかかわるものである」と書かれています。

エネルギー産業に関係する皆さん、エネルギー政策に携わる皆さん、この国の将来を憂う皆さんがこの本を読んで何かを感じ、「統治の客体」ではなく「行動する主体」であろうと思っていただければ、こんなに嬉しいことはありません。

目次

第2章　平成のエネルギー政策はなぜ迷走を続けたのか　47

第3章 平成のエネルギー失策の構造 95

第1章

政治不在・行政主導のエネルギー規制改革

中西・経団連会長発言の真意

平成最後の年末年始にかけて、日本経済団体連合会の会長であり、原発メーカーの日立製作所の会長でもある中西宏明氏による一連の発言が、さまざまな波紋を呼びました。２０１８年12月17日の記者会見では、日立製作所が英国で進める原発の新設計画について、「民間の投資対象とするのは難しくなった」として、「もう限界だと英国政府に伝えた」と述べました。

年が明けてマスコミ各社との年頭インタビューでは、「お客様が利益を上げられていない商売で、ベンダーが利益を上げるのは難しい。どうするか真剣に一般公開の討論をするべきだと思う。全員が反対するものをエネルギー業者やベンダーが無理やりつくるということは、この民主国家ではない」（テレビ朝日）、「国内のエネルギーの８割は依然、化石燃料で危機的状況にある。再生可能エネルギーも、日本には適地が少なく極めて不安定。太陽光も風力も季節性があり、次世代送電網のスマートグリッドも、新しい投資が行われていない。一方で、稼働しない原発に巨額の安全対策費が注ぎ込まれているが、８年も製品を造っていない工場に存続のための追加対策を取るという、経営者として考えられないことを電力会社はやっている。適切な安全対策を最初から折り込んだ原発は、発電コストも高くないが、国民が反対するものをつくるには、原発建設の受け入れを前提に、公開討論すべきだ」（産経新聞）など。

２０１９年1月15日の会見では、「原発の再稼働が進まないことも直近の課題であり、積極的に推進するべきである。安全性の議論が尽くされていても、地元の理解が得られない状況に立ち至っている。その説得は、電力会社だけでできるものではなく、広く議論することが必要になっている。それにもかかわらず、原子力について真正面からの議論が足りていない。仮に原子力をベースロード電源として使わない場合、長期的に見て、何が人類のエネルギー源になるのか、冷静に考えてみるべきだ」として、「エネルギー問題については、資源エネルギー庁、経済産業省だけでなく、外務省、環境省、財務省なども関係する横断的な課題だという問題意識を持っている。政、官、産、学で真剣に議論していく必要がある」とも述べています。

そして、ついに２０１９年1月17日には、日立製作所は英国での原発新設計画の凍結を発表しました。

中西会長は、経営者として極めてまともなことを言っています。いくら大手といえども、一民間企業が自らリスクを取り切れず、市場からも評価されない、利益が上がらない事業を行えるわけがありません。これまで日本の原子力産業は、「国策」であることに甘えて国の政策に付き合い過ぎてきたのではないでしょうか。問題の根幹は、この国にまともな総合エネルギー政策がないことにあります。これまで政府は、原子力を推進すれば安定供給（Energy security）・環境（Environment）・経済性（Economic efficiency）の３つのEを同時に達成できるという呪文を唱え続けてきましたが、残念ながらそれは、今や国民の支持を受けるものではなく、また支持を受けるための真剣な対話を怠ってきました。そして、中西会長は、肝心の原子力産業をはじめとするエネルギー産業は民間の力のみでは事業として成り立ち得ないことを、正直に、そしてクリアに発言しています。いつまでも本質的な議論を先送りできる状況にはないのです。

実は「脱原発」の安倍政権

一方の安倍政権は、どうでしょうか。外国人労働者導入が大きな争点となった２０１８年度の臨時国会で、原子力損害賠償法改正法がひっそりと成立しました。福島第一原発事故によって、既存の原子力損害賠償制度では、一民間企業では対応しきれない賠償請求がなされる可能性があること、一民間会社が無過失無限責任を負うことのリスクが高すぎることなど、大きな問題があることが露呈し、制度の根本的な見直しが必要なことが明らかになったことを背景としています。

私は、民主党政権時代に風評被害に苦しむ被災地の与党議員として、２０１１年４月27日の経済産業・内閣委員会連合審査で、原子力損害賠償法３条１項ただし書きの「その損害が異常に巨大な天災地変又は社会的動乱によって生じたものであるとき」に無限責任を逃れることができるという規定を適用して、国が前面に出た迅速な対応をすべきことを主張しました。「今回は、国の規制が想定していたレベルを超えた天災なわけです。政府としては、本来はあらゆる災害に対応した規制をとったと言わざるを得ない……もしそれを想定した規制を行っていなかったとすれば、それは行政の過失である……どちらにしたって、電力事業者がすべての責任を負うことはできない。規制のミスか、もしくは規制当局すらも最新の科学的知見では予見できなかった大きなことであるとするならば、３条ただし書きなんですよ」と。

しかし、結局、３条1項ただし書きは適用されず、東京電力はご存知のような結果となってしまいました。このような原子力損害賠償制度の下では、民間事業者が原子力事業を行うにあたってのリスクは十分に回避されず、新たな原発の新設は、一度事故が起これば会社が存続できなくなるほどの極めて大きなリスクを抱えることになってしまいます。だからこそ、この原子力損害賠償法の見直しを行うことになったはずです。ところが、安倍政権での改正法案では、無過失無限責任は変わらず、東日本大震災でも適用されなかった「3条1項ただし書き」の規定も、その適用が曖昧なまま、積立上限額も１２００億円のまま据え置きであり、問題の本質は何も解決されない結果となってしまいました。

これでは、いくら政府が２０１８年7月に閣議決定された第5次エネルギー基本計画で原子力を「脱炭素化の選択肢」と位置づけて推進しようとしても、中西会長が本音で訴えているように民間企業で原子力を進めることはできないでしょう。私は、原子力事業の運営は民間企業に任せたまま、今後の原子力産業の在り方の議論から国は逃げ続け、事業の継続に必要な政策は無為無策のままにしている安倍政権は、実態上の「脱原発」を進めているのではないかと皮肉を言いたくなります。「脱原発」を唱える勢力は、実は安倍政権を歓迎すべきなのかもしれません。

しかし、原子力をエネルギー政策の中核に据えながら、政策上は結果的に「脱原発」になってしまっている、というのはあまりに無責任に過ぎるのではないでしょうか。この無策の間に政策経費は浪費され続け、本質的なエネルギー構造の転換は先送りになってしまいます。なし崩しの「脱原発」を惰性で続けていくうちに、この国は無為な時間を過ごし、エネルギー政策にとって決定的なものを失ってしまうのではないでしょうか。

東日本大震災以降のエネルギー政策は、「原発再稼働か、原発ゼロか」という理念的な二項対立を繰り返していますが、実際には現在の世界の状況、技術の革新、お金の流れ、産業の構造などを見据えた、地に足の着いた本質的な政策論議がまったくと言ってよいほど行われていません。その一方で、世界のエネルギーをめぐる状況は、ものすごい速さで動いています。この国には、理念的な対立を繰り広げている時間も、キャッチフレーズを掲げるだけの無為無策の時間を浪費している余裕もありません。

本書は、以下の各章で、このような日本のエネルギー政策の状況に陥ってしまっている構造を読み解きながら、新しい令和の時代にあるべきエネルギー政策の方向性を、本書のタイトルにもあるとおり「エネルギー政策は国家なり」という気概を持って記させていただいたものです。つまり「今こそ、国はこの国の将来のための本質的なエネルギー政策を掲げる責任がある」ということです。

平成時代に政策のパラダイムが転換した

まずは、ちょっと長いスパンで、日本のエネルギー政策の歩みを振り返ってみましょう。

１９７３年、第１次石油危機が起きたその年に、資源エネルギー庁ができました。それまでは旧通商産業省内の一局に過ぎなかった部門を、資源エネルギー庁として大きな独立的な組織にしたのです。これは、総合的なエネルギー政策を志向する動きからでした。石油危機という世界情勢の激変を受けて、これまでのような単なる国内の産業政策や工業原料の調達という政策から、初めて脱石油や原子力の推進、省エネなどエネルギー構造自体の議論が政策の焦点となり、総合的なエネルギー政策の構築が始まったのです。

次の大きな変化は、まさに平成という時代が始まったとき。平成元年、１９８９年です。その年、世界では大きな変革が起こりました。ベルリンの壁の崩壊、そしてソ連のゴルバチョフ政権の下での冷戦の終結。これによりエネルギーをめぐる情勢も大きく変わることになります。冷戦下では、イデオロギーに基づいて東西陣営がそれぞれの資源を囲い込んでいました。中央アジアを含む旧ソ連圏と、米国のメジャー（国際石油資本）が押さえていた中東。一次エネルギーを奪い合うこと自体が対立の構図でした。東西冷戦終結後、何が新しい概念として出てきたかというと、それは地球環境問題です。国際政治の主軸は、地球環境問題へと大きくシフトしていきます。

冷戦終結から３年後の１９９２年に開催されたのが、リオデジャネイロでの地球環境サミットです。国際問題は、政治的イデオロギーから環境や人権といった人類の普遍的な課題への対応に移っていきました。このリオ・サミットで採択されたのが温室効果ガス排出削減などを定めた気候変動枠組条約です。

この当時、世界的に見て環境面で遅れているのはどこかというと、東欧やソ連、中国です。東側諸国は石炭火力が中心だったため、環境問題は深刻でした。ということは、環境にマッチしたエネルギー関連ビジネスの大きなマーケットにもなるわけです。リオ・サミットは、冷戦終結後に開放されて創出された、環境ビジネスに魅力的なグローバルな東側諸国のマーケットを、国際的な環境保護ルールを使っていかに獲得していくか、という国際競争が始まるきっかけにもなったのです。

その一方で、冷戦の終結は、世界のマーケットがひとつになっていく過程でもありました。イデオロギーというマーケットを分断していた壁が消滅したことにより、マネーが世界中を飛び交って利益を上げ、いわゆる「グローバル経済」の仕組みができてくるわけです。

それまでエネルギービジネスは、日本だけでなく多くの国が政府の強い関与の下に行われてきました。しかし、ひとつの国の政府が関与していればエネルギーが確保できるという時代は終わり、むしろ一国の政府が関わることのできない世界的な資金の流れが利益を生む構造になり、電力・ガスといったそれまでドメスティックな産業も、その流れに組み込まれることになります。そこから生まれてきたのが、電力・ガスの自由化の流れだったのです。そういう意味でも、冷戦終結は大きな変わり目でした。

それまで環境へのシフトとエネルギーの自由化は両立しづらいものと言われていたのですが、実はワンセットだったのです。環境に優しいエネルギーを、ビジネスとして市場メカニズムにどう取り込んでいって利益を上げていくのか、世界はその方向に大きく流れ、日本もその流れに参入せざるを得なくなったのでした。

なお、平成元年の１９８９年に資源エネルギー庁長官の私的懇談会である「世界的視野から見た長期エネルギー問題に関する懇談会」が開かれています。その懇談会のタイトルは、『地球レベルでの経済エネルギー環境の調和に向けて』。リオの地球環境サミットよりも前に、「日本は、これからのエネルギー問題は環境と経済の両立だ」という議論を始めていたのです。今、改めて振り返りますと、旧通商産業省は先見の明があったのだなと感心します。

このように、冷戦時代は、「エネルギー政策＝エネルギーセキュリティー」といっても過言ではなかった時代から、平成元年に冷戦が終結して以降、エネルギーがグローバルなビジネスの大きな対象となり、そのビジネスを展開する一番大きなファクターが環境問題となる時代へと変わりました。こういたことを背景として、エネルギー基本法などが理念とする「安定供給」、「経済性」、「環境」の３つを両立するエネルギー政策、いわゆる「３Ｅ」というものが始まることになるのです。そういう意味では、現在のエネルギー政策の基本方針は、まさに平成の申し子といえるでしょう。

しかし、そうするうちに日本ではバブル経済が崩壊し、景気は悪化の一途をたどります。イデオロギー対立が終わり、グローバルマネーの動きでむき出しの利益を追求するという競争に、エネルギーだけでなく、日本経済全体がついていけなくなったのです。経済構造の転換が迫られた日本には、日本電信電話公社や日本専売公社の民営化をはじめとするさまざまな流れが起きました。私が旧通商産業省に入省した１９９５年は、ちょうどその時期です。

景気の悪化は、日本の経済成長を支えたモノづくりの現場を直撃していました。特に低迷したのが重電メーカーでした。日立製作所、東芝、三菱重工業といった大企業も含め、日本のプラントが世界ではまったく売れないという状況だったのです。確かに円高の影響もありましたが、「ものづくり日本」と言いながらこれほど売れないのは、ほかにも原因があるのではないか。そういう視点からエネルギー業界全体の規制改革に関する議論が始まっていったのです。

「腐ったミカン理論」

当時、通商産業省には機械情報産業局という部署があり、そこは花形の部局といわれていました。機械情報産業、つまり機械と情報を合わせた産業です。情報技術と重電などを融合させた産業こそが、これからの日本を引っ張る産業であり、競争力があると思われていたのです。ところが、どうしても世界では勝負にならない。米GEとか独シーメンスに勝てないのです。

そんな状況が続いたのが平成1桁代。「その原因はどこにあるのか？」という議論のなか、省内で湧いてきたのが「腐ったミカン理論」です。これは、国内マーケットに非効率で非市場メカニズムな産業があると、周りの産業も腐らせてしまうというもの。では、日本の産業構造における腐ったミカンはどこにあるのか。ヒントは、欧米の電力自由化の流れの中にありました。

冷戦終結後をきっかけに、世界では、電力のシステムの改革が足早に進められていました。英国では、１９８９年には早くも電気法を改正して電力自由化が始まり、１９９７年には「欧州連合（ＥＵ）電力指令」が発令され、電力の小売り自由化や発送電分離がＥＵ全体に拡大します。米国でも１９９６年に小売り自由化、送配電網開放が始まっています。

システム改革が起こると、それに合わせてお金の流れも変わりました。送配電網など公的な事業は国などの信用保証のもとで行われる一方で、発電や売電は自由なマーケットとして開放されることで、民間資本が入り、新しいビジネスになっていきました。その結果、発電部門やプラントの部門は、金融的に成り立つかどうかで商品が選ばれるようになったのです。これまでは、各国の電力公社のようなところが公的な信用保証のある社債などを発行し、多少経済性に問題があってもなるべく安定供給できるようなものを選んでいたのが、資本の論理で製品が選ばれるようになっていきました。世界では、１９９０年代前半にはすでに、そういう流れになっていたのです。

ところが日本国内では、地域独占で発送電一体の規制産業というぬるま湯にどっぷり浸かり、それを前提としたビジネスが行われていたわけです。ぬるま湯の中で銀行も利益を上げ、電力会社も利益を上げていました。電力会社は総括原価で回収でき、銀行は回収できることがわかっているから黙っていても融資する。公的な金融による信用保証も含めて、銀行にとって電力は、絶対に食いっぱぐれのないビジネスであり、プラントメーカーも大して価格競争せずとも安定して売ることができていたのです。そのぬるま湯に浸かったままでは、世界で勝負できるわけがありません。

巨大規制産業であり、公益事業者でもあるエネルギー産業がぬるま湯の中にいることこそが「腐ったミカン」であり、グローバルな目で見たときに日本の産業全体を弱体化させていると考えたのです。

そこで経済産業省では、電力・ガスをはじめとした公益事業を再編して、日本経済全体の構造転換を図るための制度改革に関する議論が始まりました。１９９０年代のエネルギーシステム改革は、単に規制緩和や高コスト構造の是正が目的ではなく、日本の産業構造全体を世界的な経済の仕組みの変化に対応したものにするための起爆剤として進められたものだったのです。

ぬるま湯構造をぶち壊す

そこに先頭に立って斬り込んでいったのが「村田成二」という人物でした。１９９４年に資源エネルギー庁公益事業部長に就いた村田氏と、そのもとに集った「村田組」と呼ばれた若い官僚たちが旗振り役となり、業界と役所のぬるま湯構造をぶち壊す改革が始まります。

電気事業法という法律は１９６４年の制定以来一度も大きな改正がされていませんでした。そこで村田組は、１９９５年に電気事業法の改正に着手します。特定電気事業制度の導入と、ＩＰＰといわれる卸電力入札制度を導入したのです。電気事業者にとっては、まさに憲法のような存在であった電気事業法の、制定以来初、実に30年ぶりの本格的改正でした。

本当は、電気事業法を改正しなくても実現可能な規制緩和はいくらでもありました。小売りの部分自由化などは、法律を改正しなくてもできたのです。あえて法律を改正し、特定電気事業制度などを導入したのは、それまで不磨の大典とされていた電気事業法も改正され得る法律なのだということを、事業者に身をもって認識してもらうことに意味があったのです。これが終着点ではなく、これから始まるエネルギーシステム改革のスタートであるということを示したかったのです。

また、この改正で導入された特定電気事業制度により、一般電気事業者以外の事業者が初めて電気を販売できるようになって地域独占に小さな穴が開くことになりました。でも、この電気事業法改正は、こうしたこと自体が目的ではありません。本来の目的は、電力だけではなく、ガスや石油も含めたエネルギー産業構造の転換だったのです。このことは、これから順を追って説明していきます。

制度改革の基となる理論は、「アンバンドリング理論」といわれるもので、公が関与する部分と関与しない部分を明確に分けたうえで、なるべく公の関与をする分野を限定し、民間の資本を入れやすくするというものでした。公の関与は、民間が活動できる分野を増やしたり、それらの活動を促進するためのものに限定するのです。

どこに公が関与するかというと、送電線や導管といったネットワークの部分。公共的性格の強いネットワーク部分は、ある人が独占をして、それを国が責任を持って監督し、民間に公平に開放したほうが、スムーズにビジネスが進みます。もうひとつは、ビジネスでは取り得ないリスクを取ること。石油の備蓄などです。

このように、公的関与を民間のビジネスを進みやすくするための部分に限定し、それ以外は自由化しましょうというのが、アンバンドリング理論を土台としたエネルギー産業構造の転換構想でした。

電力、ガス、石油など業界ごとのそれぞれの事業法を改正して、それぞれの分野ごとに新規参入を進めていくこと自体に意味があったのではなくて、より新しいビジネスを進めるための基盤となるネットワークなどの部分だけに公的関与を限定して、それ以外の部分は、それまでの業界の枠組みを超えたさまざまな新しいビジネスを生み出していく、ということに目的が

エンロン

ニューヨーク・マーカンタイル取引所（NYMEX）

あったのです。そこに肝心の業界側は当時気づいていなかったのではないでしょう。

それまで業界は、公益事業という名の下に安住していたのです。役所のお墨付きをもらって安定供給のために粉骨砕身努力しているのだから、特権があってもいいじゃないかと。2001年の省庁再編で、その象徴的な名前であった「公益事業部」をなくして「電力ガス事業部」としました。すると、業界団体から「我々は公益事業です」と反対された。そこは「公益が何かを決めるのは民間じゃありませんよ」ってことなのですが……。私たちは、そこを断ち切りたかった。電力は電力、ガスはガス、石油は石油と、お互いがライバルにならないようなんとなく棲み分けているという図式をぶち壊さなくては駄目だったのです。

当時、業界の風雲児として米国の「エンロン」というエネルギー会社が登場していました。冷戦崩壊後のグローバル経済進展のなかで、金融マーケットから多額のお金を調達し、世界のエネルギービジネスに乗り出そうとした企業です。そのエンロンが、１９９０年代の後半に日本に進出してきた。まさに黒船が来航したわけです。戦後からずっと電力やガスの地域独占が続いてきたなか、初めて外資による日本市場への進出。某地方電力会社が買収されるといった噂もまことしやかに流れ始めます。

ぬるま湯の中でお互いなあなあで棲み分けているような日本のエネルギー業界は、そういう黒船が来れば一発で吹き飛ばされてしまう。そんな不穏な空気への危機感が当時の私たち霞が関の役人の中にはありました。今までの閉じた金融の世界であれば、そんな大それたことは起きなかったでしょう。しかし、マネーが世界中を動くようになれば、日本の地域独占企業なんていうのは、お手頃な買い頃サイズの企業にすぎません。とはいえ、エネルギー業界すべてを国営にするわけにはいきません。外資規制をするという手もありますが、それでは、ますます弱くなって「腐ったミカン」になるだけです。むしろ、グローバルな競争環境の中で民間企業として堂々と戦っていける会社をつくらなければならない。その第一歩として、１９９５年の電力・ガス事業法の改正によるエネルギーシステム改革が始まったのです。

それまでのような小手先の改正ではない抜本的な改正が、村田氏を中心に、その部下である若手官僚を中心にどんどん進んでいきました。村田氏がその跳ねっ返りの若手たちにつけたあだ名は「チンピラゴボウ」――。

こうした流れは役所が主導したもので、ほとんど政治は絡んでいません。というよりも、その当時の政治家はそもそもエネルギー政策に関心がありませんでした。法律を変えるのが立法府の仕事ですから、本来は国会がやらなくてはならないことなのですが……。これは、当時の官僚が偉かったと言う……ことではなくて、政治家と官僚で見ている視点が違ったのです。政治家は目先の選挙、その支援を受けるための業界の思いに目がいきます。一方、当時の資源エネルギー庁は、エネルギー業界だけを見ていたわけではありません。日本経済全体の大きな流れを見たときに、エネルギー業界を変えなければ日本経済が将来沈没してしまう、日本の経済構造の転換はエネルギー業界の構造転換によって初めて実現するという強い思いがあったのです。村田氏は、そのことに最初に気づいた人物だったということです。その後も「村田イズム」を継承する奥村裕一氏が公益事業部長時代の1999年、電気事業法とガス事業法の一体改正が行われることになります。

それと前後して、資源エネルギー庁の中にできたのが「公益事業制度改正審議室」という役所では「タコ部屋」といわれる特命チーム。村田氏は、公益事業部を引いたあとも、官房長や、経済産業政策局長、事務次官と、通商産業省の中枢を歩いていくわけですが、要所要所で「公益事業制度改正審議室」に課長補佐や係長クラスの若手が多く集まり、侃々諤々の議論を繰り広げ、業界の人たちとも、ときには激論を交わしていきました。初代の室長が第4章で述べる

２０１８年の第５次エネルギー基本計画の策定に資源エネルギー庁長官として深くかかわった日下部聡氏です。つまり現在のエネルギー改革の理論体系は、こうした官僚たちによって、一貫してつくり上げられていったのです。

「原子力一本足打法」のリスク

冷戦終結後、世界的なエネルギーの自由化と環境問題が高まっていった時代、それを原子力で解決しようという選択を世界の中で一番強く打ち出したのは日本でした。３Ｅの解決策を原子力でやろうとしたのです。

１９９７年12月に気候変動枠組み条約第３回締約国会議（ＣＯＰ３）が京都で開催され、そのとき採択された京都議定書は、必然的に日本が中心になってとりまとめられました。京都議定書に定められている温室効果ガスの削減目標を達成するため、当時の資源エネルギー庁は、原発を16～20基増設するといった、原子力による解決を図ろうとしたのです。ところが、ほかの主要国は、必ずしもそうではなかった。もうその頃には、ドイツは脱原発路線をひた走り始めていましたが、そのほかの国でも自由化と原子力はなかなか両立し得ません。すでに発送電分離などの自由化を進めていた多くの主要国は、原子力に頼る温室効果ガスの削減の道は取りませんでした。純粋な民間ビジネスとして発電事業が行われている国では、投資額が大きい一方でリスクも大きい原子力発電は、ビジネスとして成り立ちづらかったからです。一方、日本は自由化と原子力の両立の道を選んだのです。

それには、いくつか理由があると思っています。その1点目は、霞が関の官僚にとって数字の帳尻を合わせるのに原子力は好都合なエネルギー源であること。1基で130万キロワットとか、ポンと安定供給の部分がクリアできるのです。また、二酸化炭素をほとんど排出せず、一度燃料を充填してしまえば、ほとんど追加費用がかからずに発電できるため経済性にも優れている。資源エネルギー庁や電気事業連合会がかつて主張していたポイントは、理屈のうえではそのとおりなのです。電力会社が届け出る供給計画などを通じて電力の供給システムやインフラ部分にも大きく国が関わっていた時代でしたから、官民協調して帳尻を合わせるのに原子力は一番都合が良かったのです。まだ天然ガスの可能性が不確実だった時代、化石燃料がない日本においては特に都合が良かったのです。

2点目は、公益性を担保する理由が原子力だったという意味で、事業者とメーカー、行政の間の利益の一致があったからです。事業者にとっても、原子力発電は大きな負担を強いられるリスクのある大事業なわけです。まず、初期投資を集めるのが大変ですし、住民との関係を調整するのも大変です。普通の民間経営者ならやりたくない。本当は、石炭火力や天然ガス火力にしたいところですが、「国がやれというからやります。だから、我々は国策を担う公益事業です」と、ぬるま湯関係に浸かれるわけです。

また、世界的な自由化で原子力発電所の新設が進まなくなり、他の国のメーカー側もどうやって原子力事業を切り離そうかとしているなかで、日本の産業にとっては逆にチャンスだと。米国も英国も原子力産業をどんどん切り離していくのであれば、これから利益になるだろうというメーカーの思惑もありました。

このように原子力を推進さえすれば、国にとっては安定供給の命題も二酸化炭素の削減目標の達成も可能となり、電力会社にとっては経営の安定が確保され、すべての関係者への「打ち出の小槌」に原子力は位置づけられた。私は、こうしたエネルギー政策を「原子力一本足打法」と名づけています。

ところが間の悪いことに、ちょうどこの頃から数々の原子力関連の事故が続きます。１９９５年のまさに電気事業法を改正した年、新潟県の巻原発建設計画が初めて住民投票で否決されました。同年の12月には、もんじゅのナトリウム漏れが起こりました。１９９９年には、私の地元でもある茨城県東海村でＪＣＯの臨界事故。２００２年には、東京電力の福島第一原発や柏崎刈羽原発でのトラブル隠し。原子力に舵を切った途端に、さまざまな逆風となるようなことが起きました。この頃から原子力一本足打法は困難な道だったわけです。

反撃に打って出た電力業界

これまで述べてきたように、１９９０年代のエネルギーシステム改革、とりわけ自由化に関する面は行政主導で始まり、ほとんど政治の登場がないまま進んでいきました。２０００年代に入ると、一部の原子力関係の議員たちを中心に政治と行政が結託し、多少の巻き返しの動きがあるわけですが、全体では、資源エネルギー庁主導の改革に対して政治の動きは鈍かったといえます。

ところが、１９９５年の電気事業法の改正で、法律一本変えられただけで自分たちの業界が丸々変わってしまうことに、業界側は気づいたのです。「このまま村田イズムで改正が進められたら、俺たちの業界はどうなるんだ。知らないうちに勝手にバラバラにされ、なくなってしまうのでは……」と危機感を持ったのです。

原子力では逆に、ＣＯＰ３以降１９９０年代後半から原子力の推進が加速したと述べましたが、村田組を中心とする官僚たちは、一部の原子力関係の政治家や業界など原子力に対する思い入れは持っていませんでした。原発に国が強く関与することで、原子力一本足打法でエネルギー問題を解決しようとは思っていなかったのです。送電網などネットワークには関与するけれども、原発を何基造れといった本来、市場メカニズムに委ねる部分に国は関与しないというのが、アンバンドリングの理念に照らした政策のあり方なのです。

その考えは、原子力推進のための従来の政策とは矛盾するものでした。ですから既存の業界側の人にとっては、このまま進めていくとエネルギー特別会計や電源立地交付金などの公益特権的なものがなくなり、自由化の渦中で置いてけぼりにされるのではないかといった恐れがあったと思います。

こうしたことに対応するためにどうするか。法律が変われば、おのずと電力事業も変わってしまいます。でも、法律を変えさせないように、あるいは自分たちの都合の良い法律にするためには、政治への関与が必要だと業界側は政界への進出を決断します。そして１９９８年、東京電力の副社長だった加納時男氏が自民党から参議院議員選挙に華々しく出馬、当選しました。

ここからが業界の反撃の始まりです。官僚主導で進められてきた改革に歯止めをかけるため、国のエネルギー政策の基本方針を法律で規定して、国の関与を強くした「エネルギー政策基本法」が２００２年に議員立法で策定されます。同法の理念は、あくまで環境を含めた３Ｅであるとされましたが、そこには「３Ｅを達成するには原子力しかない」という思惑が当然ありました。

法律では、優先順位としては安定供給が１番。２番目が環境で、自由化は３番目。業界側は、自由化と原発は両立することが難しいことをわかってきました。そこで、この順番で３Ｅを前面に出して、原子力を推進することが規制改革逃れになるとも考えたわけです。従来の業界の構造の中で利益を上げ続けるためには、ある意味、原子力が頼りだったのです。

１９９０年代後半からの相次ぐ不祥事によって国民の原子力に対する批判が高まるなか、法律に基づいて国会の監視の下にエネルギー政策が作られるという枠組みを設けて、「チンピラゴボウ」たちが勝手に制度改正を行わないよう、政府に対する拘束力を持たせることで原子力を推進しようとしたわけです。

業界の要望を受けた形での政治の介入というのは影響が大きいもので、それ以降は、根本的な法律改正ができなくなってしまいました。本来であれば、２０００年代前半にはアンバンドリングの完成、発送電分離、導管分離まで順を追って法律改正を進めていく予定でした。しかし、２００３年の改正は小手先のものに留まり、エネルギーシステム改革の完成形である発送電分離のための法案はお蔵入りしてしまいます。そうした不満から、「19兆円の請求書」という核燃料サイクル政策路線の継続に警鐘を鳴らす怪文書が、経済産業省の若手官僚から出されて大騒ぎになったりしました。

その後しばらく、エネルギーシステム改革に取り組めない機運が続きます。私は、この時期を「失われた10年」だったと思っています。

小泉政権はエネルギー政策に関心なく

２００1年から始まった小泉政権は、政治的に見ると、郵政や道路公団の民営化には熱心でしたが、エネルギー政策にはほとんど関心がなかったと感じています。中央では、大規模なエネルギーシステム改革を進めようといった流れはなくなっていました。経済産業省内では、「送電網を開放するなんてけしからん」という雰囲気で、もう改革は絶対に無理というムードでした。２００３年の法律改正の失敗で、そこはもう触りたくないという感じでした。

それでもエネルギー改革を進めようとする残党たちは、第３章で詳しく述べるように、２００３年に私が内閣官房の構造改革特区推進室に出向して作った構造改革特区の制度を使い、特定のエリアで発送電分離をやろうとか、さまざまなことを考えていました。

でも、こうした動きに「改革なくして成長なし」と呼んでいた当時の小泉政権が、エネルギーに関心がなかったのは確かです。今になって「脱原発、脱原発」と騒いでいますが、私はまさに小泉政権の時代、政権の中枢にいましたから、その立場から見たら「あのとき、アンタ何もやってなかったじゃないか！」とも言いたくもなります。消費税も、原子力の問題も、彼はノータッチでした。政治的にリスクのあることには手を出さなかったのです。志を持った官僚がそ

首相時代にエネルギー政策に無関心だった小泉純一郎氏。今や脱原発の旗振り役

のポストにいれば行政主導の改革もできたのでしょうが、その後も安倍内閣（第一次）、福田内閣、麻生内閣と短期政権が続いたため、それもできないような状況でした。

実は官僚主導だった民主党政権

２００９年、歴史上はじめて国民の投票によって政権は民主党へと交代しました。小泉政権時の２００３年に役所を辞めて故郷に戻って政治活動を始めた私も、６年間の浪人生活を経て衆議院議員に初当選します。

民主党時代は、政治主導といいながら、実は一番の官僚主導の時代でした。民主党の政治家の多くが、学歴が高く、政策議論が大好きで、役人と親和性の高い人が多かったこともあるでしょう。当時、自民党にいた衆議院議員の故・亀井善之氏みたいに「まあいいや、よきに計らえ」と言う政治家や、河野太郎氏のような理屈も何もなく突っ走るというような政治家ではなく、真面目に勉強する政治家が多かったと思います。

また、民主党政権下では、審議会をなくしてしまいました。今でも当時の政策決定にいたる情報を集めようとすると、民主党政権時代の3年9カ月分だけ役所の資料がないのです。審議会がなかったからです。審議会への提出資料や議事録といった重要な資料は、民主党政権時代の部分だけすっぽりと抜けています。これまで役所と業界のやりとりは、審議会の議事録を通じて明らかにされていましたが、業界とお日様の当たる場所で話をしないでも政策が決められたということです。そして、その結果どうなったかというと政治主導という名の下、一切表に出てこない役所の中で政策がつくられ、決められたということです。これは官僚にとって好都合でした。

民主党政権は、経済政策がないと批判されていました。実際は、財務省が政権の主導権を担っていて、その象徴が事業仕分けだったわけです。財務省の下働きを政治家がやっていたというのが事業仕分けです。そのくらい財務省の力は強かったのですから、財政再建一辺倒の経済政策のない政権といわれるわけです。このままでは経済界との関係も持たないという状況になり、何とか産業分野で戦略をつくらなくてはというとき、原子力ルネサンスの話がうまく出てきます。

原油価格の高騰を追い風に、当時の資源エネルギー庁の幹部は、「これからは原子力ルネサンスだ！」と考え始めます。世界が原子力から手を引いているから、逆張りしてやれというわけです。また、この頃になると中国の台頭が始まっていて、原子力の海外での需要が必ず増えるはずだ。トルコやベトナムといった新興国のエネルギー需要も増えるだろう。だから原子力ルネサンスだ、と。

菅政権は史上最大の原発推進

２０１０年に「第3次エネルギー基本計画」が菅直人政権の下で閣議決定されます。この基本計画は、史上最大の原子力推進計画でした。「原子力のさらなる新増設を含む政策同意」ということで、２０１２年までに9基、２０３０年までに14基以上の原子力発電所の増設、原発輸出の促進が盛り込まれていました。さらに、国際競争力の確保のためには安全規制も緩和してしまえなどという、自民党政権では民意が怖くて口が裂けても言えないようなすごいことも言ったりしています。今や反原発の筆頭格ともいえる菅氏が、政権時代には大幅な原発増設計画を決定していたのです。なぜ菅氏が最高の国家権力を握りながら、そのときに、このようなエネルギー基本計画を決定したのか、その理由を私は知りたいと思います。

実際、インフラ輸出という名目でベトナムへの原発輸出を官民一体となって始めたのも、この頃です。これは、先ほどから繰り返し述べてきたアンバンドリング的な考え方ではありません。原発を輸出する際、国は貿易保険などのリスクヘッジは講じたとしても、それは民間が自ら資金を調達して行うのが前提です。そうでなければ国際競争に勝ったといわないし、また勝てない。奉加帳方式で横並びで業界に参加させ、官民一緒に原発を売りに行きましょうという昔のエネルギー政策に戻ってしまった。そんな政策を主導した当時の原子力産業課長の柳瀬唯夫氏は、のちに自民党に政権が戻った第２次安倍政権の内閣総理大臣秘書官として、２０１８年に加計学園獣医学部新設問題で名前が出てくるというのも、これは、ひとつの歴史の皮肉なのかもしれません。

そんなこともあり、この間は、ずっと村田イズム的なエネルギー産業再編の歩みは立ち止まるどころかバックギアが入ることになります。

大きな変化となったのは、やはり２０１１年3月の東日本大震災と福島第一原発の大事故でした。この事故によって電力システムを根本から見直す機運が生まれ、長く眠っていた発送電分離の議論が再び表に出てきました。たまたま当時の事務次官が村田組の安達健祐氏。資源エネルギー庁長官は、「過激派」と言われた高原一郎氏でしたので、思いきって舵を切れる体制ができていました。

史上最大の原発推進の第3次エネルギー基本計画を決定した菅氏は、固定価格買取制度（FIT）法を成立させないと内閣を退陣しないと言い出します。これは、まさに政治家としての面目躍如です。当時は、多くの人がFIT法という生煮えの法案に不安を感じていたし、根強い反対の声があったけれども、菅氏を辞めさせたい一心で与野党が一致してFIT法を通したのです。

こうして2011年8月、FIT法が成立します。アンバンドリングの考えに基づくと、FITはリスクヘッジに当たります。20年にわたる売電収入を保証して、将来に向けた投資リスクを減らすことによって、リスクのある技術を安定的に導入しましょうというのが、FIT法の制度的な意味なのです。

FITという仕組みは、発送電分離が前提になる制度です。ヨーロッパなど諸外国でFIT制度を導入しているところは、いずれも発送電分離を前提としています。発電者が送電網を自由に使えることが大前提となるからです。FIT制度導入は、村田組の官僚たちにとって再び電力システム改革が進むスイッチとなったのは間違いありません。長く眠っていたシステム改革の時計の針が、ようやくまた動き始めたのです。

FIT制度ができた2011年8月のあと、「電力システム改革タスクフォース」というものが当時の枝野幸男・経済産業大臣の下に立ち上がります。ＦＩＴ法と電力システム改革は、実はセットだったということです。

震災後によみがえった村田組

ここで思い出してほしいのは、システム改革は政治主導のときには進まないということ。行政が主導して初めて改革は進むのです。

２０１２年、民主党政権は、消費税増税をめぐってさまざまな党内の分裂を巻き起こし、見せかけの政治主導すらできなくなり、制御不能の状況に陥ります。そんななか、着々と電力システム改革タスクフォースや、２０１２年2月には、電力システム改革専門委員会ができて議論は進められていきました。廃止になっていた審議会が復活したのです。同年7月には、電力システム改革専門委員会から基本方針が出され、発送電分離に向けた基本的な方向が定まるのですが、このときはもう小沢一郎氏らが離党するなど民主党内はめちゃくちゃな状態でした。

そして２０１２年12月、再び政権は自民党へと変わります。もし本当の政治主導であれば、第2次安倍政権の樹立とともに、この改革の流れは止まっていたでしょう。しかし、安倍政権は、それらをすべて引き継ぎました。なぜなら政権移行期のドサクサで政治的な意思が働かなかったからです。

政権交代、再交代で政治と業界間の陳情システムが混乱していた時期だったため、政治を通じた業界の圧力が働かないなかで発送電分離が決まっていきました。つまり、政権交代の混乱に紛れて、行政主導で進められた改革なのです。

これは決して安倍政権が意思を持って進めた政策ではありません。確かに時系列で見れば安倍政権において実現されたものです。しかし、発送電分離が実現したのは、安倍政権になってすぐの２０１３年です。安倍政権になってから検討を始めたものではなく、水面下で長い時間をかけて村田組を中心とした官僚が進めていたものに、そのままハンコを押しただけ。安倍政権にもエネルギーに関する具体的政策はなかったのです。

考えてみれば、環太平洋パートナーシップ協定（ＴＰＰ）にしても、発送電分離にしても、すべて民主党政権のときに始まっていたことです。民主党政権は、政治主導の名の下の官僚主導でした。安倍政権は、やっぱり官僚主導です。官僚のつくった政策を進めるしかない。実は連続性があったのです。ただ、意思決定の段階が、ちょうど政権再交代の空白期だったために、本来であれば多くの業界が抵抗するものもスムーズに通すことができたのです。逆にいえば、村田組の官僚たちは、それをにらんで動いていたといえます。

もうひとつ東京電力の問題がありますが、これも同じ流れで読み取ることができます。福島第一原発の廃炉、賠償、除染などの巨額な費用を抱え、まさに東京電力をどうするのかと問題が起きたとき、経済産業省のエース中のエースである嶋田隆・前経済産業事務次官が東京電力にいきました。嶋田氏も、村田組のＤＮＡを持つ人間ですから、うまく東京電力を使って電力業界ばかりでなくエネルギー業界の再編を進めることを企図したわけです。そこで自ら東京電力に乗り込み、システム改革による業界再編の中で東京電力を生き返らせることを志します。東京電力を生き残らせるための制度改革が、実は電力のシステム改革につながるからです。

なぜかというと、東京電力の一番の財産は、優良な巨大な需要を持つ首都圏の送配電網なわけです。これは、どの電力会社にもかなわない大きな資産であり、なおかつ外資系企業などが買えるほどお手頃でもない。最後に残った東京電力の価値なのです。この財産を核にしてエネルギー業界の再編を行おうと。一時国有化された東京電力を起爆剤にして、エネルギー業界の再編を行おうとしたわけです。国策を担う旗手として東京電力を生き残らせることを選んだのです。

本来、アンバンドリングの考え方に立つと、一回東京電力を潰して新しいものに再生するべきなのですが、あえて生き残らせ、しかもエネルギーシステム改革の最先鋒となる企業にするために、国の意思の働き得るプレーヤーをつくった。発送電分離にあたり、ほかの電力会社は、送配電分野を親会社にして子会社に発電部門をぶら下げる形にしたのを、東京電力だけ持ち株会社形式にしたのは、その典型です。持ち株会社にしたら、発電部門などはいつ他社に買われたり再編されてもおかしくない。でも、あえてそれをやりやすくして、ＪＥＲＡ（東京電力と中部電力の火力発電・燃料調達事業の合弁会社）に昇華していったのは、まさにアンバンドリングの理論に基づいているのです。

この先は、東日本の送配電も握るなど9電力体制の秩序を壊す役割を果たすかもしれません。制度だけ変えても、プレーヤーが現れなければ改革は進みませんから、東京電力を制度改革の申し子としてのプレーヤーに変えたということです。これは、政治にはできません。皮肉なことに官僚主導だからできたのです。

過去にシステム改革が進んだのは、資源エネルギー庁が主導して実権を握ったときです。エネルギー業界は、目先の利益を守りたいとか、原発を再稼働させてキャッシュを生みたいといった目的で動きます。民間企業としては当然のことです。政治家は、理念的な原発か脱原発かの二元論にとらわれているか、業界の代弁者になっているかのどちらかです。その結果、通常のエネルギー政策は、どの電源の比率を何％にするかということばかりになってしまっていて、業界再編や世界的経済システムの転換を踏まえたうえで、日本のエネルギーをどうするかといった議論はほとんどしていないのです。

第2章

平成のエネルギー政策はなぜ迷走を続けたのか

平成のエネルギー政策は、「国産エネルギー」の実現のための原子力をめぐる政策が常に焦点となりました。この章では、原子力政策を軸に、再生可能エネルギー、石油・天然ガスに関する政策がどのように展開され、その背景には何があったのかについて振り返ってみます。

私が見た平成のエネルギー政策

１９９８年、橋本内閣での中央省庁再編の仕事を通商産業省の大臣官房で行っていた私は、あるとき官房長だった村田成二氏に呼ばれて「スカートは下からしか見えない。資源エネルギー庁公益事業部開発課に行ってこい」と異動の内示を受けました。電力自由化に向けた検討や業界との調整が行われるなかで、原子力の立地を担当する開発課長が抵抗を続けており、私に「部下として何とかしてこい」と言うのです。そこから、私のエネルギー政策との関わりが始まりました。

私は、エネルギー特別会計電源立地勘定予算の取りまとめや、原子力立地自治体への交付金配分などを担当するとともに、実際に立地自治体に赴いて地元の方や反対派とのさまざまなやりとりをしてきました。またときにはパリの経済協力開発機構（ＯＥＣＤ）で行われていた「電力自由化と原子力」というテーマの会議に定期的に参加し、海外の規制改革と原子力の状況に

核燃料施設で臨界事故
茨城新聞
東海村
放射能漏れ、３人被ばく
10キロ圏に屋内退避勧告
狂った小さ
国内最悪の

JOC 臨界事故を報じる地元紙

ついて情報収集を行っていました。

そうしたなかで起きたのが、１９９９年９月30日に起きた茨城県東海村でのＪＣＯ事故。あれからちょうど20年が経つ。それまで原子力立地の推進に携わっていた私にとって、地元での出来事でもあって衝撃的なことでした。間もなく「茨城弁が理解できて地元との調整に最適」という理由で科学技術庁に出向の辞令が出され、「臨時国会中に原子力災害のための法律を作れ」という地元の大物・梶山静六代議士の鶴の一声で、２カ月間ほとんど家に帰ることなく一から条文を書き起こして、原子力災害対策特別措置法を成立させました。

その後、資源エネルギー庁に戻って原子力防災制度の根本的な見直しを行い、一段落着いたのちに電力・ガス規制改革の特命チームに加わります。主にガス事業制度改革を担当して、大口供給の自由化などの法律改正を実現しますが、電力・ガスの制度改革は道半ばであり、その後もさまざまな部署で関わることになります。

この間、電力、ガスなどの業界関係の方々や、「原子力ムラ」と言われる原子力業界の科学者、技術者たち、反原発運動を行っている市民団体の皆さんなどとさまざまな議論を行ってきました。累次にわたる法案の作成や国会審議を通じて、政治関係者とも接してきました。当然、政治の世界に入ったあとも、与野党両方の立場から、浪人中はさまざまな新しいビジネスのお手伝いをしながら、エネルギー政策に関わってきました。

以下では、そうした私の体験や経験に基づいて、私なりに思っていることを述べてみたいと思います。

〈原子力編〉

政策なき「夢のエネルギー」開発

「日本の原子力政策とはどういうものですか?」と問われたら、私は、「この国の原子力に政策はありません」と答えます。昔から、そして現在でも。もちろん高速増殖炉の開発とか、原子力立地の促進とか個々の政策はありますが、原子力を日本のエネルギーの中にどう位置づけ、その技術を誰がどうやって開発し、産業として自立させて競争力をつくり出すかという体系だった政策は、実はあるようでないのです。

京都議定書の採択以降、エネルギー政策の基本に環境への適合（Environment）が加えられ、それまでの安定供給（Energy Security）と経済効率性（Economic Efficiency）と合わせて「3Eの調和」がエネルギー政策の基本方針となりました。この3Eのすべてを両立させるための帳尻合わせにちょうどよいのが原子力だったのです。さまざまな視点からエネルギー源を比較し、議論を重ねたうえで「原子力にしよう」というのではなく、原子力を何基造ればよいか計画を立てれば、計算上、需給が満たされ、二酸化炭素は削減されて電力会社の経営が成り立つ図式が完成するのです。

3Eの実現という政策のパズルのピースがぴったりとはまるということです。何らかの理念や戦略性に基づくものではなく、政策目的を実現するための手段として原子力の推進を掲げてきたため、無理に無理を重ねてきてしまいました。

私の理解では、目指す原子力発電の姿とは核燃料サイクルがすべて完結し、軽水炉で発電をして、そこから出た使用済み核燃料を再処理して高速増殖炉で燃やし、高速増殖炉の中でさらに大きなエネルギーを生み、さらに核廃棄物は減容化されて地層深くに最終処分されるというもの。ここまでの技術が完成すれば、使用済み燃料がさらにエネルギーを生むのですから、原

核燃料サイクルの仕組み（軽水炉サイクルと高速炉サイクル）

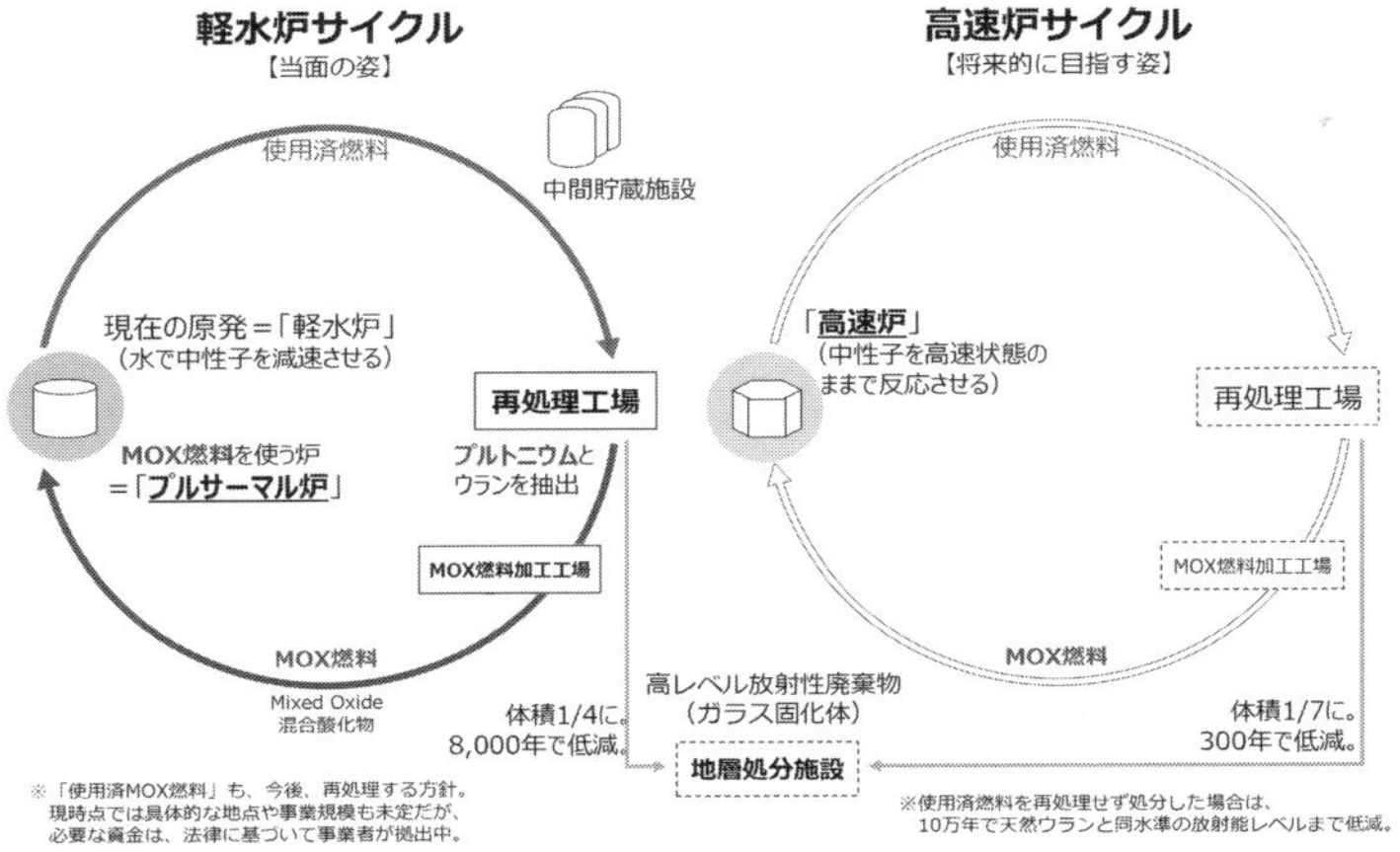

出所：経済産業省資源エネルギー庁

子力は新たな燃料をほとんど必要としない「準国産エネルギー」になります。資源を輸入に頼る日本では「夢のエネルギー」といわないまでも、エネルギーの中の４番バッターになったはずです。

輸入してきたウランを燃料にして発電して、たとえプルサーマルで使用済み燃料を再利用したとしても、そこで終わっては化石燃料を輸入して発電することと大して変わりません。一度使用した燃料がさらに大きなエネルギーを生む高速増殖炉まで完成させて初めて、「準国産エネルギー」としての特別な価値を持つのです。日本の原子力の致命傷は、高速増殖炉の開発が進まず、技術が完結していないことにあります。

技術開発には必ず不確実性とリスクがあり

ますし、一直線に進められるものでもありません。さらに事業として成り立ち得るだけのコストの実現や、適切な規制を可能とする安全技術の確立も必要です。こうしたことが解決するのを前に、見切り発車で進めてきたわけです。

私が原発の立地を担当していたとき、地元からは「原発から出たゴミは残りませんよね?」と必ず聞かれます。そう聞かれたときに、私たちに与えられている答えは「原発から出るのは、ゴミではありません。将来高速増殖炉で燃やすために再利用する資源です。だから、この発電所からはゴミは出ないんです」というものでした。原子力開発は「トイレなきマンション」と揶揄されることがありますが、霞が関の役人は、このように苦しい言い訳しかできなかったのです。

もし今後も高速増殖炉ができないとすれば、使用済み核燃料は、プルサーマルで再利用したとしても膨大な量になり、その最終処分場もありません。そんな技術として完結してないものへの理解を国民に求めるのは、もともと困難な話なのです。

原子力に頼り過ぎが大きな間違い

先に述べたように「3Eの実現」を政策目的とするエネルギー政策のパズルを、埋めるための最後のピースとして推進されたのが原子力です。あまりにも多くのことを原子力に頼り過ぎたのがエネルギー政策の大きな間違いであり、逆に原子力の推進を困難な道にした要因だと私は思います。的確なリスクや、その可能性を分析したうえで進めていれば、ここまでにはならなかったのではないでしょうか。

そして現実に、それを裏づけるようなことが次から次へと起きるわけです。まずは、1995年のもんじゅのナトリウム漏れ事故。あの事故以降、もんじゅは一度も稼働せず、2017年には、とうとう廃炉が決まります。高速増殖炉の開発を完全に諦めたわけではありませんが、もんじゅの廃炉により当面の見込みはつかなくなりました。ちょうど本書を執筆している最中の2019年8月末に、フランスは高速炉ASTRIDの開発計画を中止することを発表しました。日本にとって国際共同研究をする道も遠のいてしまいました。そのため「原子力は準国産エネルギーだ」とか、「原子力を進めれば、わが国のエネルギー問題は解決する」といっていたのに、ゴールが見えなくなってしまったわけです。

動力炉・核燃料開発事業団（動燃）は、もんじゅの事故が起きる前からトラブルが多くありました。もんじゅの事故後も数々の不祥事を起こし、ついに解体されて核燃料サイクル機構となり、さらには日本原子力研究所と統合して日本原子力研究開発機構となるわけです。

そもそも、戦後の東西冷戦下のイデオロギー対立の時代に、そうした時代を背景として日本原子力研究所で実用化に向けた研究の環境が整わなかったため、高速増殖炉などの実用化のための研究開発を行う組織として動燃が設立されました。しかし、お互い原子力という共通の分野の研究開発を担いながら、設立の経緯から早期の実用化というミッションを与えられた宿命からか、動燃は実用化への道を急かされて無理をしたのではないでしょうか。さまざまな組織内の安全文化に関する問題があったのは当然ですが、それに加えて「何年までに次の炉の開発を完了しなければならない」という直線的な原子力計画のなかで、無理に無理を重ねた結果、もんじゅが事故を起こし、そのあと完全にスタックしてしまったというのが、高速増殖炉開発の問題だったと思います。

どこかで立ち止まったり、そのときどきの研究のレビューをきちんと的確にやって計画を変更していけば、こうはならなかったと思うのです。なぜ、それができなかったといえば、「原子力一本足打法」のエネルギー政策にあって、もんじゅの開発の成否がエネルギー政策の決定に大きく影響を与えてしまうからです。高速増殖炉の開発が遅れて、原子力発電所のサイト内や青森県六ケ所村に中間貯蔵してある使用済燃料が「これは本当に核のゴミじゃないのか？いつまで置いているのか？」と地元から問われたときに、答えられないと原子力政策は行き詰ってしまう。「これができたらこうなる」というあくまで仮定の話を政策の中心に据えてはいけないのです。

政策をつくるときには、常に保守的に考えなければなりません。世界の資源埋蔵量や、その需要の動向は政策で動かせるものではありません。今の技術水準や日本の経済力を前提としてエネルギー政策を構築せざるを得ない。でも、もんじゅの事故が起こる前には、２０３０年頃には高速増殖炉が実用化するという前提の下、それを先取りしてエネルギー政策を全部つくっていったわけです。核燃料サイクルの完成というパズルのピースをはめれば、エネルギー政策の問題は、机上の理論ではすべて解決するから。しかし、実際の研究開発の現場は、そう単線的には進みません。結果的にそのしわ寄せが研究開発の現場にいって、動燃はトラブルを起こし続けることになったのです。

原子力事故は起きないが大前提だった

その政策をめぐるいかがわしさというか、さまざまな不都合にフタをした政策づくりというのは当然、国民の不信を生みます。１９９５年に新潟県の巻原発建設は住民投票で否決をされました。さまざまな地元との調整を経て、原子炉設置許可申請が出され、地元への交付金も支払われていて、さあ、これから建設だという段階になって住民投票で否決されたのは唯一、巻原発だけです。

さらに続いて１９９９年には、私の地元の茨城県東海村のＪＣＯで事故が起こります。ＪＣＯの社員が燃料をつくるのに、バケツや柄杓を使うなど極めて原始的なやり方で行っていたために、日本で初めての臨界事故を起こし、痛ましいことに死者も出すわけです。それまで、私たちは立地自治体から「原子力施設が事故を起こしたらどうするのか？」と問われると、「原子炉を５重の壁で防護し、資源エネルギー庁と原子力委員会のダブルチェックによって、万全の安全対策が講じられているので、そのようなことは考えられません」と答えさせられていました。でも、どんなに設計上、設備上万全な安全対策をしたとしても、ヒューマンエラーは当然起こり得ます。私も原子力で事故が起きるとしたら、原因はヒューマンエラーかテロなどの不慮の事態だろうとその頃から思っていました。

ＪＣＯのときは、事故が起こったときに誰が責任を持って対応するのか、国がやるのか、県がやるのか、市町村がやるのか……何も決まっていませんでした。原子力施設は事故を起こさないと言っていたのですから。災害対策基本法上は「自然災害に準ずる」となっていただけです。自然災害に準ずるとなると、市町村が第一に対応しなければなりません。市町村で対応しきれないときは都道府県。都道府県ができなかったら国です。でも、市町村が真っ先にやれといわれても、原子力災害に関する知識もなければ、普通の災害と違って放射能は見えないのですから、何が起きているかすらわからないわけです。そもそも、そんな対応が必要な施設だったのなら、原子力施設などは受け入れなかったでしょう。

結局、ＪＣＯの事故は、決死隊のＪＣＯ社員が冷却水の配管を壊して収束させます。実はこのとき、埼玉県の大宮にある陸上自衛隊の化学防護隊が放射能対応を可能とする特殊車両を持って自主的に現地近くまで行っていたのですが、自衛隊を出動させる法的根拠がなく、現場からもその要請がなかったため、何もしないで帰らざるを得ませんでした。日本初の被ばく事故での犠牲者となったお二人の方の容態が日に日に悪化していくのを見ながら、日本の原子力防災体制のお粗末さを悔やみ、怒りを覚えました。その思いは、ちょうど20年経った今も変わりません。

ＪＣＯ事故の教訓をもとに作ったのが原子力災害特別措置法（原災法）です。私は科学技術庁に出向して、２カ月というそれまでの霞が関の常識では考えられない短期間で法律の制定に奔走しました。その後、科学技術庁から資源エネルギー庁の原子力発電安全管理課に戻り、原子力防災体制づくりもやりました。このときになってようやく、「原子力事故は起きる」という前述での対策が講じられることになったのです。

経済産業省「19兆円の請求書」騒動

「なんか日本の原子力政策はおかしいぞ」――私がそうであったように、電力自由化を進めていた多くの若手官僚たちの間では、その思い、体験が共有されていました。自由化と原子力は両立しないというけれども、「両立する、しない」の前に、本当に原子力政策はきちんとした政策たり得るのかという意識が強くあったのです。

例えば、私がかつて予算のとりまとめを担当していた電源開発特別会計電源立地勘定には、安全開発の研究予算なども入っているのですが、この予算が常に３の倍数なのです。どうして３の倍数なのかというと、原子力分野の大手メーカーが日立製作所、東芝、三菱重工業の３社だからです。３社それぞれと国が共同研究を行う形になっていて、原子力プラントメーカーへの要は体のよい補助金だったのです。原子力安全規制を技術的な立場から支援する外郭団体の原子力発電技術機構（ＮＵＰＥＣ）も然りです。日立製作所、東芝、三菱重工業の３社から出向が来て、それぞれ自社の作る炉の安全規制の基準をつくったり、安全審査のお手伝いをしていた。そんな現状を見て、若手官僚たちは「何かおかしい」と感じていたのです。

そして２００４年、「19兆円の請求書」という怪文書が経済産業省から流れるというスキャンダルに見舞われます。これは、核燃料サイクルを進める第一歩となる再処理工場を稼働すると19兆円のコストがかかるとして、「核燃料サイクルについては一旦立ち止まり、国民的議論が必要ではないか」と「核燃料サイクル」路線の継続を批判するものでした。日本の原子力政策の根幹を揺るがす文書が経済産業省の内部から出たとして、このときは省内のみならず、業界を挙げての大騒ぎになりました。

いずれにしても、この原子力編の冒頭に「この国の原子力に政策はありません」と刺激的に述べましたが、日本のエネルギー政策にとっての原子力は、「3Eの実現」を数字上実現するパズルのピースとして存在していただけで、核燃料サイクルのような未完の技術開発をどのようにしていき、そのために政策資源をどう配分していくかというようなしっかりとした原子力政策自体はないことを、多くの官僚たちは気づいていたのです。

原子力ルネッサンスの実態

「3Eの実現」という公益的課題のために原子力が必須であるとするならば、電力自由化が原子力の推進の歩みを止めてはならない。よって原子力をもって電力自由化の足かせにしていこうとして、業界やその意を受けた政治によって作られたのが「エネルギー政策基本法」であることは、第1章で述べたとおりです。

同法施行後、２００３年10月に閣議決定された「第１次エネルギー基本計画」は、公益的なエネルギー政策の課題を果たすという名目で、原子力の必要性を訴えるものでした。

同計画には、原子力を「資源依存度が低い準国産エネルギーとして位置付けられるエネルギーである。……原子力発電については以上の点を踏まえ、安全確保を大前提として今後とも基幹電源と位置付け、引き続き推進する」としたうえで、『電力小売り自由化と原子力発電、核燃料サイクル推進との両立の在り方』という項目を立てて「原子力発電のような大規模電源と送電設備の一体的な形成・運用を図ることができるよう、発電・送電・小売を一体的に行う一般電気事業者制度を維持する」と規制改革を慎重に行うよう求めています。

すなわち原子力は、初期投資が大きくリスクのある事業だから、原子力を進めるには、発送電小売り一体の一般電気事業者制度を守らなくてはいけません、と。要するにこれは、原子力を進めるのが目的ではなく、発送電一体の一般電気事業者制度を守るために原子力をダシにしているだけなのです。

このような流れのなか、２００７年３月に策定された「第２次エネルギー基本計画」では、『原子力立国計画』が位置づけられることになります。

本書を執筆するにあたり改めて『原子力立国計画』に目を通したのですが、本当にあきれるぐらい中身がありません。例えば、「自由化時代であっても国がまず第一歩を踏み出して方向性を示さないと、なかなか第三者の間のコミュニケーションやビジョンは図れない」などとありますが、要するに「国が一歩前に出るんだ」と精神論をいっているだけなのです。原子力産業の構造や、原子力技術のメリット・デメリット、それらを解決するために、どのような政策を構築すればよいかといったことは、何ら記述されていません。まさに「この国の原子力に政策はありません」ということを示しているのです。

この計画で出された政策は、「使用済み核燃料にかかる費用を積み立てましょう」とか、「定期検査の負担を軽減しましょう」、あるいは「リプレースする際の減価償却負担が課題なので、平準化するための税制改革をやりましょう」といった電力会社の会計処理のような話ばかり。原子力立国というわりには、世界の原子力技術やマーケットがどうなっているのかなど、産業としての視点、ダイナミズムはまったくありません。

海外への原子力の売り込みに関しても、極めて筋の悪い、役所の声掛けで関連企業が横並びで参加させられる「奉加帳方式」でした。いうなれば電力会社に金を出させて、窓口を一本化させましょうということだけ。でも、そんな国がお墨付きを与えなければ始まらない、社会主義的なやり方がうまくいくわけがないのです。業界内で競争をさせて、国内の競争に勝った企業が海外に出ていく方法でなければ、世界のマーケットで勝てるわけがない。国内の電力会社は、国際的競争力が極めて弱い。地域独占で、その地域経済界では権威があっても、国際競争の場に出たこともなければ、国際ビジネスの経験もほとんどない企業ばかりです。そのような企業が金を出し合って窓口を一元化したところで、世界を相手にしたビジネスができるわけがありません。

この原子力立国計画というのは、筆者から見れば非常にシャビーな筋の悪い政策だったといわざるを得ません。

菅政権下で作られた原子力万歳計画

原子力推進の流れがさらに加速したのは、第1章でみたとおり民主党政権になってからです。２０１０年に菅内閣で閣議決定された第３次エネルギー基本計画には、次のような言葉があります。「原子力は供給安定性、環境適合性、経済効率性を同時に満たす基幹エネルギーである。安全確保を大前提として、国民の理解と信頼を得つつ、新増設の推進、設備利用率の向上等により積極的な利用拡大が図る」。

そして、ここでまた、「まずは国が第一歩を踏み出す」という精神論の言葉が出てきます。こんな情緒的な文言が閣議決定されたことは、あまりありません。「まずは国が第一歩を踏み出す姿勢で取り組む」なんてものは政策でも何でもありません。

この当時、私は政権与党の一員でしたから、党内でもずいぶん異論を唱えました。この第3次エネルギー基本計画は、もう政策として破綻が明らかな「原子力一本足打法」をさらに進める酷いものではないかと。安全規制の緩和をしろ、検査ももっと軽くしろみたいなことすら書かれていて、卒倒してしまうような内容なんです。「こんな基本計画をつくって、一体何のための政権交代だったのか?」と。

第3次エネルギー基本計画が、いかに原子力万歳計画だったかというと、例えば、もんじゅについては、「2010年5月に試運転が再開された高速増殖炉もんじゅの成果等を反映しつつ、2025年頃までの実証の実現、2050年より前の商用炉の導入に向け、引き続き推進する」としています。

原子力発電の推進についても、2020年まで9基の原子力発電所の新増設、2030年までには少なくとも14基以上の原子力発電所の新増設を行うとしています。しかも、これはリプレース(廃炉にしたあとに建て直す)じゃなく、「新増設」です。

「世界各国が原子力発電の拡大を図る中、原子力の平和利用を進めてきたわが国が、原子力産業の国際展開を進めていくことは、わが国の経済成長のみならず、世界のエネルギー安定供給、地球温暖化問題、さらには原子力の平和利用の健全な発展にも資する」として、日本の原発輸出を積極的に進めることを初めて閣議決定したのも菅政権です。

自由化の足かせのための原子力推進路線が花開いたのが、この菅政権での第３次エネルギー基本計画であり、ここに旧来型の日本の原子力推進策の集大成が記載されているのです。政治主導を掲げる政権が、なぜこのような基本計画を決定するに至ったのかについては、一度きちんと総括する必要があるでしょう。

東日本大震災で一転してバックギア

その直後に起こった、２０１１年3月11日に発生した東日本大震災での福島第一原発の事故です。私の住んでいる茨城県水戸市も大きな被害を受け、電気・ガス・水道が止まり、コンビニの棚から食料品が消えて、みんながこれまで経験したことのない困難な状況になりました。そうした中で、福島第一原発の原子炉の温度が上がっていき、当時の枝野官房長官が何度も「直ちに人体や健康に影響を及ぼすことはない」と会見するのを、不安な思いで聞いていました。ある程度、原子力の知識がある私は、起こっている事態の深刻さを冷静に見つめることができましたが、一般の住民が感じた目に見えない放射線への恐怖感は、そこにいた人たちじゃないとわからないでしょう。ＪＣＯの事故を経験していた私は、「また同じ過ちを犯してしまったか」と、これまでエネルギー行政に携わってきた身として不甲斐ない思いになりました。

災害対応も混乱を極めました。原子力災害は、一様なものではありませんから、原災法では基本的な枠組みが定められ、原子力防災指針で緊急時での指揮命令系統や役割分担が詳細に規定されています。その枠組みを維持したうえで、それぞれのケースに応じて応用していくのが災害対応です。災害のときに、一から考えることをできる限り少なくすることが災害対応の鉄則なのです。でも、菅政権は、原災法などは役に立たないとして自ら現場に乗り込んだり、東京電力に多くの政治家を派遣したりして、無手勝流の対応を行いました。確かに、当時の東京電力本社の対応には、首をかしげたくなることが多くありましたが、事前に決めたルールを外してやろうとしても行政組織は動けません。このような政府や電力会社の対応を見れば、多くの国民が原子力に対する忌避感を持ってしまうのも、仕方ないのかもしれません。

私は、もし原子力施設で事故が起きるとしたら前述のＪＣＯのようなヒューマンエラーによるものか、テロまたは安全システム上の問題だと思っていました。安全システム上の問題というのは、機器の安全性や物質自体の安全性そのものではなく、それらを組み合わせた全体の技術体系です。津波が防潮堤を乗り越え、それにより非常用電源装置が失われた結果、大事故につながった。これはシステム上の欠陥なのです。

本来であれば、非常用電源が失われた場合の安全運用を多重に考えておくべきなのですが、非常用電源装置の耐震性など個々の機器の安全性は検討されていたけれど、万が一それがなくなったときにどうするかといった安全システム上の欠陥があったのです。津波の想定に関しても同様のことがいえます。いくら科学的な知見から津波の想定を行っていたとしても、行政自身に専門性がなく、外部に検討を依頼せざるを得ないため、そこに入っているプラントメーカーや電力会社といった事業者側に甘い基準になってしまっていました。

第３章や第５章で詳しく述べますが、私は、ＪＣＯ事故の後からずっと原子力安全委員会を経済産業省から独立した、実際に法律に基づく強制力を行使できる国家行政組織法第３条に基づく組織にすべきだといってきました。安全規制がしっかりできない国に原子力をやる資格はないのです。原子力一本足打法で、「３Ｅの実現」という日本のエネルギー問題を解決するためには、理屈と計算のうえでは原子力が一番よいからという理由で推進するわりには、防災や安全規制といった本来、原子力を進める国が持つべき行政インフラ、規制インフラが許されざるほどのお粗末で整備されていなかったというのが、ここまでの原子力政策の一番の欠陥であったと考えます。

それまで強力に原子力を推し進めてきたはずの菅政権は、福島第一原発の事故が起こった途端に一転、原子力にバックギアをかけます。国策として原子力立国を進めるという政策を立てたのであれば、その後の原子力の見直しの際に、まずは第３次エネルギー計画のレビューから入るべきです。ところが、そんなものは最初からなかったかのような対応でした。第３次エネルギー基本計画での原子力政策は、「まず国が第一歩を踏み出す」というものでした。ところが、福島第一原発の事故が起きたら、まず国が第一歩を引っ込めてしまいました。精神論での原子力政策だったから、福島第一原発の事故が起こった途端に引っ込めたわけです。

無為無策で軸がブレまくる

そうこうしているうちに、自民党に政権が戻り、安倍政権のもと第4次、第5次と2回のエネルギー基本計画がつくられます。しかし、いずれも原子力の位置づけは相変わらず曖昧なままで、「この国の原子力に政策はありません」という状況は変わりません。世界で一番厳しい規制にマッチした原発は再稼働させるというものの、その規制の基準自体が予見可能なものではなく、規制する方もされる側も手探りの状況で、再稼働は遅々として進みません。そうこうしているうちに確実に歳月は過ぎていき、40年になり、延長して60年になり、規制基準に定められた期限が確実に来てしまう。現在、ただただ無駄な時間だけが過ぎているのは、もともとの原子力政策が空白だったツケだと思います。常に政策の軸がブレてしまい、原子力立国に行ったり、脱原発に行ったり。そのため無為無策になっているのが今の状況だと思います。

本当に安倍政権や国は、原子力をこの国で続けていく気があるのか。誰も本気で原子力をやるつもりはなくて、いざとなったら誰も責任も取らず逃げてしまうのではないか。その直観的な気持ち悪さ、不可解さが、国民の原子力に対する忌避感につながっているのです。国民にとって必要なのは、なぜ国がリスクを認識しながら原子力を進めるのか、なぜ国産エネルギーが必要なのかという、体系だった政策をしっかりと説明することなのです。政府も政治も誰も責任を取らない「なしくずしの脱原発」は、さまざまな大きな困難な問題を事業者や立地地域に残すことになってしまうでしょう。

原子力は、確かに核燃料サイクルまで完成すれば素晴らしいエネルギー源になることは理屈ではわかるけれども、３・11で目の当たりにしたあまりにも大きなリスクを前にして、「じゃあ、そういうリスクを回避して、それが実現できる証拠を見せて」と言われたら誰も示せないわけです。政策的に完結していないのです。でも、私は、政策的に完結しないからやるなと言うつもりはありません。どのようなことにも未知のリスクがあって、資源のない日本は、あらゆる可能性に賭けるべきだと思うからです。政策的に完結しないからこそ、今、私は何をやって、国民には何を理解してもらうか。その正直さがないのが一番の問題なのです。

しっかりとした政策の軸がないため、そのときの社会の雰囲気や政治の道具に使われ、政治や業界の利害調整のダシに使われてきたのが、平成の原子力政策が失敗した顛末ではないかと思います。それでは、原子力をどうすべきなのかについては最後の章で述べさせていただきます。

〈再生可能エネルギー編〉

特別会計は「技官のおもちゃ」

１９７３年の第一次石油危機を契機に、石油に代わる新エネルギーの技術開発を目指して１９７４年からスタートしたのがサンシャイン計画です。その後、１９９３年からは省エネルギーの技術開発を目指すムーンライト計画に、２０００年からはニューサンシャイン計画に引き継がれますが、省庁再編とともに終焉を迎えます。

サンシャイン計画には、１９７４年から１９９２年までの18年間に４４００億円もの国家予算が使われました。多くの原資はエネルギー特別会計。これら以外にも多くの新エネルギー関連の技術開発に、電源多様化勘定を中心に特別会計の予算が使われました。私たち経済産業省の事務官は、これらを「技官のおもちゃ」と呼んでいました。技術系の人が新エネルギー・産業技術総合開発機構（ＮＥＤＯ）などの外郭団体を通じて、研究者たちの考えた「あんなこといいな、できたらいいな」をプロジェクトにしただけで、大部分はものにならないものでしたから。

新しい技術が社会に導入されることによって、必要な社会的なインフラや制度も変わります。例えば、これまでのような大量の化石燃料を海外から輸入し、湾岸沿いに巨大な発電所を造って送電網で運ぶというシステムから、再生可能エネルギーで分散型に供給するということになれば必要なインフラは大きく変わります。事業の規制方法も変わるし、それを担うプレーヤーも変わる。当然、お金の流れも変わってくるわけです。

しかし、あらゆる技術は、ビジネスとして成り立たなければ世の中に出ることはありません。その技術は、お金になるのか、どう社会を変えるのか、安全規制などの制度づくりまで含めて科学技術と社会との関わりの両面を見つつ進めていく必要があります。技術の実用化には、マーケットの観点からのチェックや評価が必ず必要なのです。

例えば、サンシャイン計画では、太陽熱発電所を香川県仁尾町（現・三豊町）に造って失敗しました。また、岐阜県上宝村（現・高山市）の焼岳山麓で地熱発電の一種である高温岩体発電所を造った現地実験も頓挫しています。改めて振り返ると、これらはすべて大規模なんです。現在、進められている再生可能エネルギーは、小規模分散ですよね。しかし当時は、まだ昭和の時代。原子力発電所とか製油所などの重厚長大な施設をイメージしていたため、大規模な太陽熱発電や地熱発電という計画になってしまった。多分、そこが技術者だけで立てた計画の限界だったのです。結果的にそれらは、ビジネスとして成り立たず、失敗に終わりました。

「将来、その技術が完成したら世の中はどうなるか」という視点からのチェックがないまま進めてきたために失敗したのが、サンシャイン計画であり、ムーンライト計画、ニューサンシャイン計画だったのではないかと思います。

人工知能や仮想通貨の仕組みなど、革新的な技術は社会を変えるものです。技術とともに社会も変わり、そこに経済的利益も生まれるわけです。その発想が、日本の特に新エネルギーの技術開発にはありませんでした。研究開発により、それなりの論文や特許などの成果は出るものの、その技術が世の中に出て社会や経済の仕組みを変え、利益を上げて、日本経済を引っ張るようなキーテクノロジーになることはなかった。だから「技官のおもちゃ」と呼ばれることになったのです。

技術開発に国が一定の関与をすること自体は必要な場合があります。ただし、それは、その成果がさまざまな応用技術を生む基礎的・基盤的研究のような公共財や軍事関係など民間には任せられない分野などに限られると思います。ファンディングするにしても、そのファンディングの仕方を、きちんと民間のビジネスの視点と技術の視点、両方を入れていく必要がありま す。ＮＥＤＯの技術的な評価を誰が行っているかというと、外部のその分野の専門家に委託しているだけ。ビジネスとして成り立つか成り立たないかというビジネスの目利き的な観点からのチェックが入らないまま、ファンディングを行っています。民間企業は本来、技術者は喜ぶが会社経営にメリットのない研究はやりません。でも、ＮＥＤＯのプロジェクトがあるから、あまり会社の経営には役に立たないことでも、技術者をそちらで使って給料を出すことができるのです。

サンシャイン計画がスタートしたとき、将来の電力マーケットがどうなるか、世界の産業構造はどう変化するかといったことは、ほとんど考えていなかったはずです。経済産業省を退官後、２００７年にＮＥＤＯの理事長になった村田氏は、「これからはＮＥＤＯが資源エネルギー庁に代わってエネルギー政策を引っ張っていくんだ」と、私に豪語していました。さまざまな革新的な技術に投資することにより、マーケットの構造を変え、既存のエネルギー業界を変革するような技術を開発するという発想を持っていたのは、村田氏くらいかもしれません。でもそれもひとときのことでした。もんじゅにしても原子力船むつにしても、国策で行われる研究開発が失敗に終わるのは、このような構造によるものなのです。

ＦＩＴ導入で誰が儲かったのか

日本の再生可能エネルギーは、こうした「技官のおもちゃ」の新エネルギー開発をベースとしているから、へんてこなものになってしまっているのではないでしょうか。

民主党政権の菅内閣で２０１１年にＦＩＴ制度が成立して、日本でも太陽光や風力といった再生可能エネルギーの導入が爆発的に進みました。ＦＩＴ制度というのは、20年間投資回収のリスクがない予見性が確保される制度をつくることによって、必要な投資が確保される仕組みです。もちろんＦＩＴ制度にも弊害、欠点はあります。ＦＩＴ制度のような制度設計をすればマネーは動くけれども、今度は効率性が阻害されたり、ほかへの投資が疎かになるなど、市場の失敗も招きかねません。しかし、何もしなければ、民間のお金は動きません。

では、お金が動いて、誰が儲けたかといえば、まずは土地を持っている人に「太陽光発電を造れば儲かりますよ」と勧めた金融業者。ＦＩＴ制度の下では、20年間で投資の回収が保証されるのですから、ファイナンスの対象になるわけです。低金利の時代に、これほど金融業者にとっておいしいビジネスはないでしょう。そこに目をつけたのがゴールドマン・サックスなどの外資系投資会社や、ソフトバンクのようなベンチャー企業。再生可能エネルギーは、おいしい金融ビジネスだということに気づいた人たちがまず儲かったわけです。

２番目に儲かったのが、ソーラーパネルなどの機器を造っている人たちです。その多くは、残念ながら日本の企業ではありません。かつての補助金を通じて再生可能エネルギーの普及を図っていた時代は、多少コストが高くても補助金がもらえるわけですから日本のメーカーの商品が使われましたが、ＦＩＴ制度の下では、機器のコストを下げれば下げるほど利益は上がります。新しい制度が導入されて、マーケットの構造が変わった途端に風力発電機の製造から日立製作所が撤退したように、日本のメーカーは、再生可能エネルギー関連の製造から撤退・縮小せざるを得なくなってしまいます。

ＦＩＴ制度により、賦課金のかかった高い電気を買っているのは国民です。賦課金により得た利益が金融業者の金利と海外のメーカーにばかり渡っているのは、日本経済にとって、いったい何のための制度なのかと考えざるを得ません。

ＦＩＴ制度自体をやめるのは愚の骨頂

だからといって私は、ＦＩＴ制度自体を否定するわけではありません。市場性の未熟な新しい技術の商品をマーケットの中に入れ、金融の対象にしたのがＦＩＴ制度であり、この仕組みを取り入れたことにより、再生可能エネルギーは爆発的に世界に広がりました。民間のお金が動いたという意味では、太陽光設備設置補助金のような、それまでの政策よりも優れているのは明らかです。すなわち、技術開発と、それを社会に導入するための制度の創設の両方がマッチすれば、うまくいくはずなのです。先行的にＦＩＴを始めたドイツやスペインでは、それなりにうまく回っています。「技官のおもちゃ」型の行政ひとりよがりの技術開発ではないのです。実際、日本でもＦＩＴ制度導入以降、再生可能エネルギーの導入は急激に広がりましたが、日本経済は、それほど潤っていません。制度の設計によって、どのような利益を誰が生むのか、ということをあまり考えないで制度を設計したからです。

一方、ＦＩＴ制度の優れている点は、投資を決定したときの価格が固定で20年保証されることです。いまだに勘違いされている方も多いのですが、「○年から買取価格が下がる」といった報道があると「うちの太陽光の買取価格も下がるの？」と心配する人がいますが、それは、その時点で新規に投資する人に対するものです。投資リスクの中で、最も大きいリスクは政策変更のリスクです。政権が変わったから政策が変わっちゃいましたとか、総理大臣が変わったから変わっちゃいましたというのが一番のリスクです。その予見可能性をどう保証していくのかが重要です。20年間どんな政権が、どのような政策を取っても固定買取価格を法律上保証しているからこそ、投資が成り立つ制度なのです。

確かに、従来の行政のやり方であれば、そのあとの効果を見極めながら補助金を減らすこともあり得ます。事業者は、予見可能性がないから結局、補助金にすがるしかなくなります。そうすれば、その事業は、民間のビジネスとして自立して成り立つことはなくなって、「技官のおもちゃ」に戻るだけです。また、補助金的なやり方に戻そうとするのであれば、喜ぶのは補助金を出して威張れる一部の官僚くらいで、世界の中のガラパゴスになってしまうでしょう。

ＦＩＴの問題点として指摘されるのが、最初の買い取り価格が42円から始まったことです。これは国際的に比較してみても相当高かったのは事実でしょう。結局、中国系・韓国系など海外の企業にどんどんお金が流れていってしまいました。しかし、見ようによっては、日本人は保守的なので「こんなうまい話はウソじゃないか」と疑い、ぼやぼやしている間に外国企業やソフトバンクなどのベンチャーにやられたというだけのことではないでしょうか。文句を言っている経済人が一番ビジネスを逃しています。イソップ物語の『すっぱい葡萄』の話と同じです。自国の制度を自国の経済人が使って新しく事業を興し、利益を上げようとしないこと自体が、経済人として反省すべき点ではないかと思います。これまで役所の監督の強い事業法の下にいた日本のエネルギー業界の人は、ビジネス感覚が薄い面もあります。それを「変えていきましょう」といっているのが、第５次エネルギー基本計画でいっているエネルギー産業の構造転換なのですが、このことはのちほど詳しく述べます。

ＦＩＴ制度は国民の負担を基に成り立っていますが、一番の問題は、産業界がＦＩＴ制度を使って、この国民の負担を上回るお金を生み出せていないことです。太陽光にしても風力にしても、パネルや風車などの機器類は海外製のものに席巻されている。再生可能エネルギーの大量導入を前提とした送配電網などの技術開発も、外国企業が圧倒的に先行している。ＦＩＴ制度の問題云々という前に、ＦＩＴ制度による国民の負担、数兆円のマネーを使って新しいビジネスが生まれ、付加価値が増やせば、さらに新しい産業が生まれます。そうしてお金がぐるぐる回って、経済は成長していくわけです。日本には、その道が欠けているのです。

もちろん、現行ＦＩＴ制度に勝る制度があるなら、そのほうがよい。私は、ＦＩＴ制度をもっと細かく、電源ごと、技術水準ごと、あるいは地域ごととかに分けるべきだと考えています。そうしたなかで、事業用太陽光発電などに入札制度を導入するなど、ＦＩＴ制度から卒業し、産業として自立的になるように促すような制度へと政府が見直しを図っていることは、妥当であろうと思います。しかし今の時点で、ＦＩＴ制度自体やめるのは愚の骨頂です。ＦＩＴ制度を見直すこと、手直しをすることによってＦＩＴ制度の欠点を補うべきでしょう。

再生可能エネルギーにプラスもマイナスもあることは、世界中で指摘されているところです。それでも世界では、一斉に再生可能エネルギーを基軸に技術開発が進み、マネーが動いています。再生可能エネルギーの技術革新が進むことによって、競合するほかのエネルギーでも技術革新を進める動きが出ているわけです。そんなときに「ＦＩＴ制度が良いか悪いか」とか、「原子力か再生可能エネルギーか」なんていっているのはガラパゴスの極致です。そういう人たちこそが、まさに日本の新しいエネルギー技術を潰す国賊であるというのが私の考えです。

再生可能エネルギー導入は「やってみなはれ」

今後も当面は世界的に再生可能エネルギー導入の流れは変わりません。悔しいのは、日本は１９７０年代から再生可能エネルギーを含む新エネルギーの技術開発に取り組んでいながら、世界的に普及しているＦＩＴ制度などとマッチする世界のマーケットを支配できるような製品を生み出すことができなかったことです。将来の電力マーケットを見越して、最初から小規模な分散型電源に適した太陽光発電技術開発などに取り組み、日本の企業がそこにきちんと投資をしていれば、こうはならなかったでしょう。

また、再生可能エネルギーが世界中で導入されたとき、どの技術が一番儲かるかと考えたら送配電技術や蓄電技術なんです。再生可能エネルギー、特に太陽光や風力は、発電量が不安定で需要に合わせた供給ができないという欠点があります。そこをカバーするために、燃料電池などの蓄電技術や情報技術を活用した送配電技術などが重要になってきます。そういった技術が稼げるというのは、何十年も前からわかっていたのです。現に１９９３年から始まったムーンライト計画では、すでに燃料電池などの研究を始めています。

それなのに日本が再生可能エネルギーのマーケットで後塵を拝し続けているのは、技術開発と新しい制度の導入から生まれてくる新しい産業の姿を、この50年間ぐらいの間にしっかりと構築できなかったことが一番の原因ではないでしょうか。

新しい技術は、まず日本のマーケットの中でビジネスとしてやってみて成功しないと、世界では勝てません。それによって生じるのが規制の問題です。従来の電力業界の発送配電一貫体制のような制度のもとでは、新技術によるビジネスを日本の送配電網を使って普及することにチャレンジすることができないのです。日本の硬直的な電気事業法やガス事業法、石油業法といった事業法と、供給区域などに守られた固定的なビジネスモデルを強いる規制が、新しい技術をマーケットの中で試しながら改善し、広げていくことを妨げてきたのです。だから、いまだに「送電網の容量がないから受け入れません」なんてところで話が止まっているのです。

容量がないなら技術革新なり投資するなどして、受け入れ量を増やす。そうすれば、送電網で利益が上がるじゃないですか。発送電分離のされた下での純粋な送配電会社なら、まず、そう考えるはずです。ところが、日本は、発送電分離が実現していなかったため、他人が発電した電気を売るより、自分たちで発電した電気を売りたいわけです。今ある規制を前提としたビジネスモデルが、新しいより利益を生むビジネスを妨げる非合理的な選択をしてしまっています。つまり新しいビジネスが成立しない古いシステムがあるから、新しい技術の導入に失敗しているのです。

くどいようですが、せっかく開発した技術も、マーケットの中で提供されて利益を生まなければ広がっていきません。それにはまず、やってみなきゃ駄目なんです。松下幸之助翁の言葉に「やってみなはれ」というのがありますけれど、その「やってみなはれ」ができなかったのです。

〈石油・天然ガス編〉
石油公団の不良債権問題の原因

戦後一貫して、とりわけ１９７３年の石油危機以降、和製メジャーの設立は、ある意味、エネルギー政策の中での国是として進められてきました。自主開発の比率を高めよと和製メジャーづくりを目指す中核にあったのが、石油公団です。

石油公団は、多くのリスクマネーを探鉱・開発・生産や権益の確保といった上流部門に対して出していたのですが、そのリスクマネーの原資は石油特別会計でした。各開発会社の経営陣は、軒並み旧通商産業省からの天下りです。そして、役人の行動原理は、「与えられた予算を適正に執行すること」なのです。民間は、そうではありません。民間企業の行動原理は、「お預かりした資金や資本を効率的・効果的に使って利益を上げること」です。予算を、その年度内にしっかり使い切るという考えと、お金をしっかり回して利益を上げるというのは、感覚が

石油・天然ガス開発（掘削リグ）

まったく違う話なのです。

日本の上流部門の経営が、特別会計に端を発するマネーをただ単に消化するという感覚で使い続け、資本市場からの適切な監視も受けてこなかったことが、石油公団の不良債権問題の一番の原因です。世界がグローバルな資本の論理で20世紀末から熾烈な資源権益の獲得競争を行い、冷戦の終結でそれがさらに加速するなかで、石油公団体制にどっぷり浸かっていた日本は、そうした資本のダイナミズミに乗り遅れてしまったのです。

実らなかった和製メジャー構想

石油危機以降は、危機対応のために石油流通に関するさまざまな規制が強化されました。備蓄需給を管理するための石油需給適正化法や石油備蓄法、特定石油製品輸入暫定措置法など、流通業界の規制を強めて、危機対応を行ってきたのです。ところが、石油業法を中心とした石油関係の需給をコントロールするさまざまな法律の存在が、市場メカニズムによる競争を制限することになってしまい、中小の企業が乱立し、結果的に業界からナショナル・フラッグ・カンパニーになり得る巨大企業は生まれませんでした。

そこで、１９９０年代に特定石油製品輸入暫定措置法の廃止や、石油業法の改正が行われます。エネルギー関係の規制緩和の先鞭をつけたのは、実は石油産業だったのです。こうした規制緩和は、一定程度の効果はあったのでしょう。製品を販売する下流部門では、さまざまな再編統合が進みました。

しかし、世界の大きな流れは、石油から天然ガスへと移っていきました。天然ガスというのは、長距離のパイプラインと導管ネットワークでそのまま供給できるため、上流から下流まで一貫したビジネスに適しているという特性があります。石油から天然ガスへの移行が進むにつれ、世界では、日本の再編・統合のスケールをはるかに超えたスケールで進み、オイルメジャーから総合エネルギー企業が次々に誕生しました。その典型がエクソンとモービルの統合であったり、エンロンのような時代の風雲児と呼ばれるような企業です。そうした世界の総合エネルギー企業の勃興に対して、日本では、中下流の精製部門やガソリンスタンドの販売部門などで一部の統廃合が起きる程度でした。世界規模で戦えるナショナル・フラッグ・カンパニーは生まれませんでした。

その原因として日本は、上流部門を極めて政府の関与が強い企業が占めていたことにあったと考えます。先に述べたように、世界のナショナル・フラッグ・カンパニーといわれる企業は、上流から下流までを一貫して持っています。ところが日本の場合は、上流に石油公団があり、石油公団がなくなったあとも石油天然ガス・金属鉱物資源機構（ＪＯＧＭＥＣ）や国際石油開発帝石（ＩＮＰＥＸ）、石油資源開発（ＪＡＰＥＸ）という国の関与が強い機関や企業が、その座に就いてしまいました。それが上流部門から下流部門までを含めた業界の再編、総合エネルギー企業の誕生を妨げた最大の要因と考えられます。

規制緩和により、下流の部門ばかり競争させたわけです。しかし、下流の統合をいくらやっても、そこからナショナル・フラッグ・カンパニーが生まれてきません。上流部門が上下一貫でグループ化、系列化していかないことには生まれないのです。ところが、日本では、肝心の上流がほぼ国営のようなもので、自らリスクを取る必要がないプレーヤーでした。資本主義の世界から乖離している会社が、生き馬の目を抜く世界のエネルギー業界でナショナル・フラッグ・カンパニーになるということはあり得なかったのです。

さまざまな金融技術が発達していくなかで、世界では、自らリスクをヘッジしながら、世界中から巨額の資金を調達して国境を超えた投資を行っていくというのがエネルギー・ビジネスになっていきました。そうしたなかで、政府の保証があって、リスクを取らなくてよい人たちによる日本の上流部門の企業の経営は、世界の他の総合エネルギー企業との競争渦中では、特殊なプレーヤーとなってしまっていたのです。

都市ガス業界の構造転換は進まず

先に述べたように、世界的には、化石燃料は石油から天然ガスが中心になってきています。21世紀の半ばまでは当面、再生可能エネルギーや原子力があっても、多くの国でエネルギー源の主流は天然ガスになるでしょう。天然ガスは、石油からLPガスを製造するのと比べて高カロリーのガス化が容易で、埋蔵量も豊富で、政情の安定した世界各地の国々が供給元であり、さらに化石燃料の中で一番温室効果ガスを出さないという、非常に競争力のあるエネルギー源なのです。それを燃料にしたり水素を取り出せば電気にできるし、そのままガスとして使うこともできる。熱も利用できる。こうした点からも、当面は天然ガスがメインのプレーヤーでしょう。

ところが日本は、生産地で冷却して液化した液化天然ガス（LNG）じゃないと、海外から持ってくることができません。天然ガスのコストメリットの恩恵が受けられないのです。世界的にも、ＬＮＧではなくパイプラインでの供給が急速に進んでいます。

日本のＬＮＧ技術は、世界でトップクラスといわれていますが、これもまさにガラパゴスとなる恐れがあるのです。

今後の分散型エネルギーの普及を考えれば、パイプラインで運び、その場でコージェネレーション（熱電併給）システムや燃料電池で発電したり、熱に変えて使うのが21世紀半ばくらいまでの当面の効率的なエネルギーの使い方です。ところが日本には、そもそも国内の導管インフラが整っていませんし、海外とのパイプラインもつながっていません。

１９９８年にガス事業法の改正が行われましたが、そのひとつの目的は、導管部門の公益性を認め、投資を促進することです。すべての需要家への供給義務を背負う、面としての供給区域の拡張と分離し、大口需要家に供給するために導管を延伸する場合は、許可を不要にすることで、導管を延伸しやすくしようとしたのです。

全国どこでも離島でも山奥の一軒家でも、スイッチをつければ電気がつく電気事業と違って都市ガス事業は、全国に導管ネットワークが張り巡らされておらず、その整備も遅々として進んでいません。これまでの都市ガス事業では、供給区域の許可を受け、それ以上の努力はしない、導管も延伸しない、ひたすら供給エリア内の固定客にガスを売り続けるという会社が多くなってしまいました。国内には、都市ガス事業者が膨大な数あります。中小規模の都市ガス会社が小さな供給エリアをひとりで抱えてひしめき合い、互いが導管でつながっていないという産業構造になってしまったのです。それを１９９８年の改正で導管を延伸しやすいようにするなど、１９９０年代後半ぐらいから天然ガスの導入のためのインフラ整備を進めようとしてきました。しかし、これは焼け石に水。いまだ都市ガスの構造転換は進んでいません。

２０００年８月に出た石油審議会開発部会基本政策小委員会の中間報告の中で、初めてロシアのサハリンからパイプラインでつなげようという話が出てきます。この中では「サハリンプロジェクトについては、民間企業において、ＬＮＧによる供給と合わせ、日本で初めて国際パイプラインによる天然ガスの供給が検討されている」とあります。しかし実際は、「パイプラインによる天然ガス供給の経済性が確保される場合には、安全規制の整備を行うとともに、その実現に向けて、今後の実現可能性調査の見通しとも踏まえ、支援の必要性等、検討すべきである」と書いてあるだけで、すべて民間任せです。事業の可能性があるなら安全規制は国が考えるけれども、あとは民間でどうぞよろしくというのが、２０００年当時の考えです。

民間主導にするといっても、需要がなければパイプラインを敷設する意味はありません。その需要を出す側は誰かといえば、電力会社、都市ガス事業者、地方の中小ガス事業者です。ところが日本では、電力会社に燃料部という部門があってそこで調達し、大手ガス会社も自ら調達を行い、中小ガス事業者は、大手ガス事業者や場合によっては上流にいるＩＮＰＥＸやＪＡ

PEXのような政府系の石油開発会社からガスを調達しています。

オールジャパンでは、天然ガスに対する膨大な需要があるにもかかわらず、上流部門と下流部門をつなぐ間に、商社・電力会社・大手都市ガス会社・石油会社・INPEX・JAPEXなど中途半端な規模の事業者が、それぞれ海外から化石燃料を調達してくるため、事業としてまとまった需要がなくてフィジビリティスタディをすれば事業として成り立たないという堂々めぐりの議論になってしまいます。さらに、さきほど述べたように、上流部門に行けば行くほど国の関与が強まり、マーケット性が弱まってしまうという産業構造の欠陥もパイプライン導入の障壁になっていたのです。

JOGMEC法改正で何が変わった?

2000年代に行われた石油公団改革とは、石油公団を廃止して開発事業からは撤退し、開発のためのリスクマネーの供給や備蓄や研究開発を中心に行う事業を、JOGMECに移行しましょうというものです。2016年の臨時国会でJOGMEC法が改正され[※1]、JOGMEC自身が海外の資源開発会社に直接投資することができるようになりました。私は当時、国会の経済産業委員会で質問に立ち、世耕弘成・経済産業大臣と議論をしました。

石油公団の一番の失敗は、無秩序な投資というか、投資リスクに対する意識が薄かったことだと言われています。それゆえ、事業のフィジビリティを厳密に見ることなく、何にでも投資してきたのです。

石油鉱業連盟の要望書では、プロジェクト採択にあたって、日本のエネルギーの安定的、効率的な供給確保の意義が認められる有望案件を広く採択対象とするように書いてあります。つまり、「いろんなところにお金を出してくださいよ」と。石油鉱業連盟ですから、多くは民間の開発会社です。これでは新しいＪＯＧＭＥＣになっても、民間の上流部門の中途半端な規模の会社を甘やかせるだけで、石油公団と同じ失敗をすることになります。

ＪＯＧＭＥＣという企業には当然、経済産業省からの天下りが多く、あとは技術者が中心です。投資の目利き、金融の専門家はいません。そうした企業が、海外の企業に直接投資することが本当にできるのでしょうか。

ロシアの企業であれ、アラブの企業であれ、相手は海千山千です。この改正は、ＪＯＧＭＥＣが石油公団の二の舞になる可能性が強いものなのです。

そういう意味でも、上流部門にはナショナル・フラッグ・カンパニーとなり得る民間企業が必要なのです。何らかの形で最小限の国の関与があってもよいけれども、これまでのＩＮＰＥＸやＪＡＰＥＸなどと比べて、グローバルなビジネスに乗り出せるプロフェッショナルな経営陣と、はるかに大きい経営の自由度を持たないと、海外のマーケットでは生きていけないと思います。

それは、経済産業省も前からわかっていたはずです。2003年3月に、『石油公団が保有する開発関連資産の処理に関する方針』というものが出ましたが、ここに「今後、わが国企業が激化する資源獲得競争に勝ち抜くためには、脆弱な業界体質を克服し、欧米のメジャーやナショナル・フラッグ・カンパニーに伍する中核的企業を形成することで、新たな開発体制を構築することが、ぜひとも必要である」と正直に書いてあります。

G7やG20に入っている国は、どこもしっかりとしたナショナル・フラッグ・カンパニーがあります。フランスのトタルとか、イギリスのBPなどです。イタリアにも炭化水素公社（ENI）という会社がありますが、この会社は世界で10本指に入るメジャー、準メジャーに位置づけられる会社です。イタリアと日本の国力を比較してみれば、ENI規模のナショナル・フラッグ・カンパニーはあって当たり前なのです。

各国の代表選手がオリンピックに出るのと同じように、各国の代表企業が競争をしている世界のマーケットの渦中で、今の日本のINPEXやJAPEXの規模や事業内容の会社が戦えるわけがありません。下流部門を持っていないどころか、下流部門にいかに高くガスを売りつけるかしか考えていないのですから。

このことは、『石油公団が保有する開発関連資産の処理に関する方針』でも、かなり的確に指摘されています。例えば、「わが国の有力な石油天然ガス開発企業および当該企業の傘下にある会社が保有する埋蔵量の合計が、欧米の中堅メジャーやナショナル・フラッグ・カンパニー1社分の保有埋蔵量に、ほぼ匹敵するという事実」。つまり、日本国内の企業が保有する埋蔵量を合計して、ようやく欧米の中堅メジャー1社分にしかならないのです。

「わが国においても、欧米の中堅メジャーやナショナル・フラッグ・カンパニーに相当する事業規模の石油天然ガス開発企業が創出されることを、当面の具体的な目標にすべきである」、「そうした中核的企業は、自立的な民間企業体として存立しなければならない。今日の欧州の非産油国で、エネルギーの安定供給の効率的な実現の担い手となっているナショナル・フラッグ・カンパニーは、いずれも民営化の進展を受けて、民間企業としての性格を強めている」と2003年には、すでに民間主導でやるべしと断言しているわけです。

今、猛烈な勢いで新興国のエネルギー需要が高まるなか、近い将来そうした新興国のナショナル・フラッグ・カンパニーに日本が勝てなくなる、買い負ける可能性があります。一次エネルギーのマーケットで価格関与に影響力がまったくないという国に日本はなりかねないという危機感は、おそらく2003年からあったでしょうし、私もずっとそういった危機感を持ち続けてきました。しかし、何の解決策も見い出せないまま、15年以上が過ぎてしまっているのが

電力・ガスシステム改革法案の審議で宮澤洋一経済産業大臣と議論（2015 年当時）

今の状況なのです。

産業構造改革の先送りに問題も

問題は、産業構造の改革の先送りにもあります。

中小都市ガスや簡易ガスなども含めた日本特有の小さいガス供給事業者は、ガス事業法に守られて生きてきたので、そこを何とかしなければなりません。導管を延伸して会社同士お互いに融通し合えるところ、あるいは、海外と融通し合えるところは、その導管事業を公益的なものとして税制面や規制面で公益特権的なもの与え、事業リスクをヘッジするといった公の関与が必要でしょう。けれども、単に供給区域を設定してガスを小売りしているだけの会社は、競争的な環境に置くべきであると思います。

直近の２０１５年のガスシステム改革[※2]では、ＩＮＰＥＸやＪＡＰＥＸのような卸事業者の導管を開放させるための規制改革は見送られました。また、卸販売の独占的料金への規制も入りませんでした。独占禁止法的なものに抵触しかねないまったくのブラックボックスのガスの卸にこそ、適切な規制を導入すべきです。

ＩＮＰＥＸやＪＡＰＥＸのパイプラインとつながっている中小ガス事業者は、競争のない独占的な関係のなかで、ＩＮＰＥＸやＪＡＰＥＸが効率的ではない調達をしてきた高いガスを買わざるを得ません。一方の中小ガス事業者は、自らの供給区域内では競争がないため、高く仕入れたガスを高い値段で売っても生き残れる、利益を上げられる、そういったもたれ合いの構造をそのままにしてしまったのが今回のガスシステム改革です。

海外の上流部門で稼げなくても、卸でもうけることができる。だから、海外の上流部門で必死になって権益を獲得したり、利益を上げなくてもよい。ましてや、ナショナル・フラッグ・カンパニーになど自らなろうとも思わないという半官的会社が、上流部門で胡坐をかいている限りは、日本のエネルギー産業が国際競争力を持つことはないでしょう。

これも私が国会で質問したことですが、経済産業省の大物ＯＢがＩＮＰＥＸやＪＡＰＥＸに天下りすることによって、政策が曲げられている可能性があるのではないでしょうか。上流部門のだらしなさというか、非効率性や非マーケット性が、さまざまなところで害悪を及ぼしているのです。

［脚注］

※１　ＪＯＧＭＥＣ法改正審議の議事録
２０１６年10月28日　経済産業委員会
http://kokkai.ndl.go.jp/SENTAKU/syugiin/192/0098/19210280098005.pdf

※２　電力・ガスシステム改革法案審議の議事録
２０１５年４月24日経済産業委員会
http://kokkai.ndl.go.jp/SENTAKU/syugiin/189/0098/18904240098011.pdf
２０１５年５月15日経済産業委員会
http://kokkai.ndl.go.jp/SENTAKU/syugiin/189/0098/18905150098014.pdf

第3章

平成のエネルギー失策の構造

前章では、平成のエネルギー政策の迷走ぶりを振り返ってきました。この章では、では、なぜそのような迷走が起こったのか、政治や行政の果たした役割など、その構造を少し掘り下げて述べてみたいと思います。

エネルギーは票にならない？

これまでも述べてきましたが、冷戦時代のエネルギー政策は、良くも悪くもアメリカを中心とした西側の大きな傘の下で守られていたため、本質的なエネルギー戦略を考える必要がなく、せいぜい脱石油、ベストミックス、「3Eの実現」といっていればよかったのです。さらに日本では、電気事業法、ガス事業法、石油業法と業界ごとに縦割りの法律があり、財源にはエネルギー特別会計がありました。特別会計があるが故に、技術開発にもジャブジャブとお金を使いたい放題。縦割り業法と特別会計に甘えて、業界ごとぬるま湯に浸かっていたわけです。

黙っていても予算が入ってくるという構図では、国会議員はエネルギー政策なんか考える必要がなかった。1990年代前半にエネルギーに関わる政治家は、原発の立地地域の人、電源立地交付金の利益目当ての人が中心で、エネルギー政策そのものに興味を持つ人がほとんどいなかったのです。何故かというと、それまでは法律を改正しなければならない大きなエネルギーに関する制度改革がなかったため、立法府の出番などなかったからです。行政側も、あえて国会の議論を絡ませるよりは、業界団体と役所の間だけで話をつけて解決してしまおうという傾向が強くて、政治が絡む余地がなかったのです。

それに加えて、国会議員が本来やるべきマクロのエネルギー政策、すなわち日本が世界で生き延びるために、どのようなエネルギー安全保障を取るべきなのかというようなことは、票につながりません。エネルギー業界で票になるとしたら、ＬＰガスやガソリンスタンドといった地域密着の特定の業界。しかも、これからの競争の時代のなかでは、残念ながら痛みを受ける業界です。時流に合わせて産業構造を変えようとすれば、むしろ票を失う可能性もあります。それでは、政治家たちは「触らぬ神に祟りなし」とばかりに、積極的に動くはずがありません。これまで多くの政治家が真剣にエネルギー政策を考えようとしてこなかったことには、こういった背景もあるのです。

そうなると行政も、それぞれの業界をどう押さえていくかという業界対策に主眼を置くようになります。「業界の不満が大きくなって政治家に駆け込まれると面倒臭いから、適当にぬるま湯に浸からせておこう」ということです。それで誰も困らなかったんです。予算は潤沢で、業界を守る法律があるから各業界とも利益が上げられて、政治家も何もしないほうが票は集まります。

国会議事堂

　だから、時代が大きな変わり目に来ているにもかかわらず、政治家はまともに政策を考えず、行政も大きな動きはしたくない――というのが、平成時代の一桁ぐらいまでの状況です。

　この頃からエネルギー問題に関心を高めていたのが、一部の環境系や脱原発系の人たち。国際的にも、そうした人たちのエネルギー政策への政治的影響力が大きくなっていきますが、日本では、いわゆる旧来のイデオロギー的な「左の人」に偏っていました。こうした人たちが、いくら「脱原発」を訴えたとしても、一般の多くの国民は心を動かされません。逆に、もっと現実的に見ています。エネルギーは毎日使うわけですから、長い目で見た総合的なエネルギー政策、つまり「この国のエネルギーをどうするのか」という現実的な処方箋をきちんと考えていない人は大きな支持を得ることはありません。イデオロギー的な脱原発だけでは、多くの国民の票は動かなかったということです。

存在しなかったエネルギー外交

中国を筆頭にインドや東南アジア、アフリカなどの経済成長、人口膨張が続くと、いずれ日本はエネルギーを買い負けるときがきます。日本の経済力が相対的に低下して人口も減ってくれば、買いたくても買えなくなってしまうのです。今は、まだ円がそれなりに強いからよいですが、このまま国力が弱ってくれば、長期的には円も弱くなってくる可能性があります。そんなときにロシアに「売ってください」と言っても、「中国に高く売っちゃったから、もうないよ」なんてことになりかねません。サハリンのパイプライン計画などは、それで立ち消えになっています。「サハリンの天然ガスは、中国にパイプラインで送っていますから、もう売るものがありません」と言う話になるわけです。ロシアがいつまでも「頭を下げて買ってください」と言ってくれると思っていたら、それは大間違いです。このままでは、いずれ買えなくなる日がきます。それを睨んで外交の戦略をどう立てるかということだと思います。

どこの国との外交を、どうやっていくかというのは、東西冷戦のときはあまり考えなくてもよかったのです。ソ連からエネルギーを買うなんて、その時代はとても考えられませんでしたから。しかし、東西冷戦が終わった途端に、ゲームのルールも変わったのです。

　西欧が再生可能エネルギーを進めたのも、東欧の石炭火力に代わるものをどうするかというときに、天然ガスと再生可能エネルギーという2つの選択肢が出てきたからです。ロシアとの関係を相対化したい東欧諸国にとっては、石炭をやめて天然ガスのパイプラインをつなげましょう、というのだけではエネルギーセキュリティは守れない。だからハンガリーなどは、原発を推進しようとしました。ハンガリーが熱心に原発を進めようとしていたのは、ロシアの資源による支配と西欧のエネルギー攻勢に対抗する防衛手段として、独自の電源として原発を持ちたいという思いが強くあったからです。筆者が資源エネルギー庁にいた1997〜1998年ごろ、冷戦終結10年後くらいですけれども、ハンガリーの役人とOECDの会議で話す機会があったのですが、当時の彼らは、「自分たちは原発を造る。ソ連型ではない西側の技術による原発を造りたい」と言っていました。

　このようにゲームのルールが変わった途端、新しいルールのもとでどうやってエネルギーの供給をしていくかという政策のパラダイムチェンジを、どこの国もやっているわけです。原油価格が安くなったのもそうです。東西冷戦が終わり中東のリスクが減り、旧共産圏の資源も鉄のカーテンがなくなってグローバルに流通しますから、結果的に原油価格が安くなります。石油危機のようなリスクが減るわけです。

一方、東側諸国はソ連などで、石油・天然ガス以上に石炭が多く採れましたから、旧式の石炭火力発電所で二酸化炭素を大量に出すような、環境に悪い設備をたくさん持っていました。冷戦時代は、東側諸国は、エネルギーを使用するプラントや機器の多くも環境性能の悪いソ連製でした。そこが、東西冷戦の終結で大きなマーケットとして開放されたのです。

冷戦が終結した同じ頃にリオサミットがあり、地球環境問題がクローズアップされ、東欧の古い、そうしたエネルギー設備を更新することが大きなマーケットになったのです。

第１章でも述べたように、リオ宣言は、地球環境を守れという表向きの理念とは別に、国際的な環境規制を導入することで環境対応に遅れている巨大な新しいマーケットを獲得すること、これが主眼だと思っています。もともと地球環境問題が出たのは、ヨーロッパの酸性雨の話からです。東欧の環境に悪い発電所が動くことにより、酸性雨が降り、次々にドイツや北欧の森が枯れてしまったことが、地球環境問題の高まりのひとつのきっかけだったわけです。冷戦終結後は、そこがビジネスチャンスだと二酸化炭素削減という枠組みをつくり、東欧にどんどん環境性能に優れたプラントを売った。そこにＥＵが統合したことと相まって、ヨーロッパ経済は息を吹き返すわけです。

ところが日本は、ゲームのルールが変わったことに気づかず、ぼーっとしているうちに、いつの間にか先進国の最下位になってしまいました。世界の大きな技術の変化や地政学上の変化に合わせたエネルギー外交というのを、これまで日本は誰も考えてこなかったのです。

国際ルールをつくることによって新しいビジネスが生まれ、新しいビジネスが生まれれば、そこにお金が動くわけです。外交とは、そのようなことを行うためにあるのです。外交といっても、従来の資源外交的な「資源を持っている国と友好関係を結びましょう、経済協力をしましょう」と言うものではありません。国際的なルールメイキングが新しい技術の革新を生み出し、そこに新しいお金の流れが生まれるのですから、受け身ではなく主体的に国際的なルールメイキングに参画しましょうということなのです。

残念ながら、平成の時代の日本は、こうしたダイナミックな国際的なルールメイキングを主導するというよりは、国際的なルールメイキングに国内の産業が翻弄されるということを繰り返してしまったのではないでしょうか。

そして、こうした国際的なルールメイキングの現場に立つべきなのは、本来政治家です。専門性の高い知識としてではなく、感覚として、世界の大局や技術の流れがわかる政治家でなくては、その役割は果たせません。細かい条約の文言の調整は役人ができても、国際的な場で大上段な文明論や正義を主張し、ルールすなわち価値の基準をつくることを引っ張れるのは政治家しかいません。でも官僚が書いた原稿を丸読みするだけの政治家は、技術に関するルールメイキングの場に立つことすらできません。平成の時代にどれだけの政治家が国際的な会議の場で、各国の代表と丁々発止で議論ができたのでしょうか。

役人もぬるま湯に浸かっていた

本質的なエネルギー政策を考えなくてよかったのは、実は役所も同じです。エネルギー政策を立案するのにあたって、世界の情勢とか、日本の産業構造全体などを考えるのではなく、総括原価制度の下での料金の審査をやって、匙加減ひとつで電力会社や会社の利益を生み出したり、不況のときには景気対策の名のもと電力会社に設備投資を促したり、電気代やガス代が高いとなれば、ちょっと総括原価の査定を厳しめにして、雀の涙ほど料金を下げる……みたいなことをやっていればよかったのですから。

当時の資源エネルギー庁の、例えば公益事業部長というのは、キャリア官僚にとってのひとつの目標である個室・秘書・車がつく指定職（会社でいう取締役）に最初に就くポストなのですが、ここは電力会社、ガス会社への顔見せのポストです。各地方の経済団体のトップを見ると、電力会社の社長が多く、電力会社、ガス会社のトップが経団連の会長や副会長になることもしばしばありました。つまりは、財界への顔見せポストだったのです。そこで経済界に評価されることが、事務次官への道につながるのです。

霞が関の官庁街

経済界からバツをつけられるような厳しいことをやるより、業界と仲良くしておいたほうがよい。経済界の側も、新たに部長に就いたキャリア官僚を首見分して、使えそうなら大事に関係をつくっておく。そうした財界との通商産業省、資源エネルギー庁のぬるま湯の中で、本質的なエネルギー政策など持ち出す必要はなかったのです。

行政主導を象徴する場が審議会

エネルギー政策不在の要因にはもうひとつ、審議会行政の問題があります。何らかの法律改正を行うときには、学識経験者や有識者、業界から構成される審議会をまず開いて答申をまとめ、それを踏まえて法律改正案をつくるという流れがあります。要は形式上さまざまな人たちを集めて、霞が関が書いたシナリオをしっかり固めるために審議会を開くわけです。業界との調整も、この審議会という場で行われることになります。場合によっては、小委員会やワーキンググループなども開き、そこで中間報告が取りまとめられます。

ところが実際には、審議会を立ち上げたときには、シナリオはほぼ官僚たちによって完成されているのです。役所が審議会を立ち上げる際には、立ち上げる前に「まず報告書を持って来い」って幹部から言われます。その時点で報告書の素案はできているのです。粗筋ができたうえで、その報告書どおりになるように委員会を開き、それに基づく資料をつくってから進めるのが通例です。

そして、審議会で中間報告が取りまとめられ、中間報告に基づいて法律改正案ができ、国会に提出されます。そこで議論のうえ、法律がまとまったら、今度は、その施行規則というか省令づくりです。これも審議会を開いて骨格になるような話をして進められるわけです。要するに良くも悪くもすべて霞が関の役所が中心。それが官僚主導で法律改正ができた一番の理由です。

しかし多くの場合、むやみに政治家に動いてほしくないため、なるべく法律改正をしないようにしてきたわけです。

審議会行政ですから、積極的に法律改正をしたくない場合は、審議会メンバーに法律改正反対の人たちを並べれば、それで済んでしまうのです。電気事業法改正が制定から１９９５年まで大きな改正が一度もなかったことからもわかるかと思います。

法律改正は国権の最高機関たる立法府の権限ですから、本来は政治家が中心に進めるべきです。業界との調整こそ政治の役割であるはずです。

でも、実態上は、役人がすべての舞台回しをする審議会というものが存在することによって、政治も行政も自らが表立って侃々諤々の調整をする必要もなくなって、表面上は束の間の平和が訪れるわけです。こうした意思決定システムの下では、本質的なエネルギー政策を展開できるわけがありません。

審議会を逆手に取った村田組

この審議会を、改革を進めるための手段として逆手に取ったのが、村田組系の官僚でした。政治を絡ませないで法律を変えるためには、第三者としての審議会にお墨付きをもらうしかなかったのです。総合資源エネルギー調査会などの審議会です。

審議会の委員を任命できるのは行政です。従来は、学識経験者や有識者、業界に加え、適当にマスコミや女性を何人か入れてお茶を濁すっていうパターンだったのを、１９９０年代のシステム改革の際には、新しく消費者団体や市民団体などから複数名を入れるようにしたのです。そこで消費者団体の皆さんからエネルギー規制改革について、さまざまな意見を言ってもらいました。消費者団体からは、「電気代が高い」と言う意見が当然でてきます。こうした声が一番世論を喚起しやすいのです。当時、「競争がないからコストが高いのではないか」といった報道が多かったのは、審議会で消費者側が改革に向けた議論を引っ張っていたからです。

審議会には、原発反対派も入れました。それまでのようなイデオロギー的な脱原発派の人ではなく、ヨーロッパの市民運動の流れを汲んだ「再生可能エネルギーの促進を単に補助金でやるのではなく、マーケットの中で広げていくべき」という考えを持っていた方などは、それまでの役所対業界の議論ではできない議論をしてくれました。また、学識経験者も色の付いていない准教授や助教クラスの若手の学者を入れたりして、審議会委員の構成を変えていきました。

新しいビジネスを生むために民間企業側からも積極的に規制改革の声を挙げてほしかったのですが、電力会社と取引のある民間企業は、なかなか入ってくれませんでした。そのなかでも、将来は自動車メーカーからエネルギー利用産業へと転換を迫られる自動車業界。特にトヨタ自動車は、積極的に議論に参画してくれました。あの頃、奥田碩さんが社長だった時代でしたが、「わが社は、21世紀には自動車会社ではありません。エネルギー会社です」と仰っていたのが印象的でした。エネルギーを使って動くものを造っていても、これからは利益が上がらない。

その動くものにエネルギーをどう供給するか。そのエネルギーを使うシステムをどう造るか。そこに、これからの利益の源泉があると。そういう先進的で意欲のあるメーカーに議論に入ってもらいました。

数十年先を見通している企業は、システム改革の重要性に気づいていました。総合商社の中では丸紅もそうでした。丸紅は、今や電力事業で大きな利益を上げています。さまざまな議論を通じて、村田組の官僚たちと審議会の議論を主導する人たちの間には、同志のような固い結束ができてきました。理念を共有できる人たちの間には、自分たちが新しい経済の仕組みをつくっていくのだという信念がありました。のちにその人たちが、その後の政府の規制改革関係の部署に散らばっていくのです。エネルギー産業の構造が変われば、必ずそこに新しい産業が生まれ、新しい経済的な価値が創造されるはずなのです。

もうひとつの重要なプレーヤーがNTTです。NTTは、一足先に電気通信事業の自由化を進めていました。NTTは、自分たちが先に自由化しネットワークを使ったビジネスの経験を積んでいましたから、それを生かして電力事業に乗り出そうと準備していたのです。

私たち資源エネルギー庁の若手官僚も情報通信分野の規制改革には注目していました。NTTは旧日本電信電話公社（電電公社）。東京電力をはじめとする電力会社は最初から民間会社でしたが、NTTは1985年の民営化後、電力会社以上に民間会社らしい民間会社を目指したわけです。固定電話が儲からなくなることがわかっていても、電話回線を管理する部分は地道にやりつつ、それ以外の今まで公益事業だったものの中からアンバンドリングして自由化になったところを積極的に拡大していこうと目論んでいました。エネルギーシステム改革の参考にさせてもらったのです。

このように、審議会を通じてさまざまなプレーヤーを巻き込んでいったのです。

エネルギー特別会計の問題点

ここで特別会計についても、若干述べなければなりません。

エネルギー関連の特別会計には、石炭並びに石油及びエネルギー需要構造高度化対策特別会計（石特）と、電源開発促進対策特別会計（電特）の大きく2つがありました。これらは、石特であれば、原油や天然ガス、石炭などを輸入する石油会社などに石油石炭税を課して、それを財源に石油の備蓄や資源の開発などに使われ、電特であれば電気料金に電源開発促進税を課して、原発の地元対策費などに使われることから、それぞれの業界は自らの業界のためのお金だと思っていたわけです。

集めた税金をそうした特定の業界ではなく、民間ではなし得ないもっと公共的な大きな事業や長期的に必要なことを進めるために使うのが政策です。でも、業界のためではなく、真の公益のための政策にエネルギー特別会計の予算が使われることは、あまりありませんでした。私が担当していた電特などは、大蔵省に予算要求を出す前に、電力業界に予算案を見せて、意思を求めていたくらいです。そうした意味では、このような特別会計であれば、ないほうがよいと思います。原子力の立地対策であれば、電促税を徴収するのではなく、その資金で企業が自ら立地対策をしたほうがよい。ほかの産業廃棄物処理場などの民間施設は、みんな自分たちでやっているのですから。

一方、こうした特別会計は、一般会計と比べてその収入源が明らかであるため、財務省の査定は甘かったのです。もともと一般会計の規模の小さな経済産業省にとって、財務省の査定の甘いエネルギー特別会計は、エネルギー政策以外の政策を進めるためにも貴重な財布だったのです。本来、エネルギー政策以外の目的に使う余裕があるのであれば減税をすべきであるのに、そうしないでさまざまな政策のための予算とした。しかし、そうした多くは「技官のおもちゃ」などに化けていったことは、これまで述べたとおりです。

こうした不健全な構造を変えるために進めていったのが、税のグリーン化です。その第一歩として石特と電特を統合してエネルギー対策特別会計（エネ特）として環境省と共管しました。単に特別会計の数を減らすだけでなく、省庁の縦割りを越えて環境目的に使える財源とすることで、将来の環境税的なものの導入への第一歩としたのです。これには、業界ごとの縦割りと予算との関係を壊そうという意味もありました。

さらに、環境に適合した産業構造に転換することが、日本経済のマクロの競争力につながるというのであれば、税制によって、それに誘導するという手段はあってもよいと思います。あるべき産業構造に誘導しやすくしたり、世界の流れにマッチさせるための税制に変えていくことが必要なのではないでしょうか。でも、政治の意思の欠如によってまだまだ当初想定していたような制度にはなっていません。

お粗末だった日本の原子力安全規制

行政の大きな役割のひとつは、しっかりとした安全規制を実施することです。そもそも、実効性ある安全規制がなければ、原子力を推進する資格は、この国にはありません。私は、ＪＣＯ事故後に資源エネルギー庁原子力発電安全管理課で多くの規制担当職員や関係者と接することになったとき、この国は原子力安全体制がまったくなっていないということを知ったのです。

当時、原子力安全規制は「ダブルチェックだから安全だ」といっていました。商用炉であれば経済産業省がチェックし、さらに原子力安全委員会がもう一度チェックする二重のチェックをしているから安心ですと。しかし、これはまったくのまやかしだったのです。

まず、行政官には事務官と技官があり、規制業務を担うのは技官です。実際の規制の実務を担当するのは、いわゆる「ノンキャリア」の技官なのですが、ここに原子力の専門家というのはほとんどいません。国の検査官は、現場に行っても専門性のある電力会社やメーカーの担当者と対等にやりとりができないですから、豪華なお弁当をもらって接待を受けて帰ってくるだけだったわけです。

法律に基づく規制の判断のもととなる原子炉の規制基準は、専門性のない国の役人ではつくれないから、実際にはメーカー側がつくっていました。しかし、メーカーが直接それをつくると正当性に疑いが出るので、原子力発電技術機構（現在は原子力安全基盤機構に移管）という外郭団体をつくり、そこにメーカーから出向した人たちがつくっていました。さらに行政の中で手続きを進める役割を果たす「ノンキャリア」の職員にも、そうしたことを科学的な観点からチェックできる人はほとんどいませんでした。そこで経済産業省の中にもメーカーからの出向者が来て、行政職員として規制業務に当たっていました。規制基準をつくる人も機械を設計したり、つくる人も同じで、審査をするはずの人は、自分たちの力では審査できずに、書類に記述漏れがないかなど形式上のチェックしかできなかったのです。つまり、「泥棒が縄をなう」ということわざは言い過ぎですが、果たしてこの国に行政による原子力規制は存在したのか、といわざるを得ないお粗末な状況にあったのです。

専門家によるダブルチェックが必要だということで原子力安全委員会が存在しました。原子力安全委員会は「８条委員会」といわれる国家行政組織法第８条に規定された審議会です。法律上、行政としての決定権限は何ら与えられていませんでした。専門家が調査審議をして意見を言うだけです。ですから、ここでは、技術的なことを詳細に検討するのではなく、実態上はお墨付きを与えるだけ。つまり、日本の原子力安全規制はダブルチェックといいながら、事業者やメーカーといった本来規制を受ける側以外の専門家が科学的・技術的な見地から法的な権限や強制力をもって規制するという体制にはなかったのです。

日本人は、「リスク」という概念をなかなか理解できません。リスクという言葉を日本語にどう訳すのか。多くの方は「危険」とか「危険性」と答えられるのではないでしょうか。しかし、「リスク＝危険」ではありません。リスクの概念は本来、「ハザード（潜在的危険性）の大きさ」と「その事象が起きる可能性」を掛け合わせたものであるとされています。「リスク＝危険」ではないのです。

原子力は、事故の起こる可能性は少ないけれども、ハザードはとても大きい。だから、ある程度のリスクがあると考えます。自動車事故は起こる可能性は高いけれども、ハザードは比較的小さいため、原子力よりリスクが低いということになります。したがって、リスクがゼロに

水素爆発を起こした福島第一原発事故

なるということはありません。常に確率論なのです。その危険が起こる可能性をどう受け入れるのか、という個人や社会の判断のもとになる概念がリスクなのです。

「日本では、これまで原子力事故は起きていません。だから、スリーマイル島のような事故は、日本では起こり得ません。ましてやチェルノブイリは、炉の形も全然違うから、同様の事故が起きるはずはありません。だから、防災対策もテロ対策も必要ありません」。これは、リスクの概念をまったく理解していない人の考え方です。

「今まで事故は起きていないけれども、ハザードが大きい以上はリスクがあるので、そのハザードに合わせた安全体制をつくりましょう」というのが欧米流の考え方です。「日本の原子力は、これまで事故が起きてないから大丈夫」とか、「リスクがゼロじゃなければ、その技術は受け入れられない」という発想は、リスクという概念を理解しないから出てくるものです。もんじゅやＪＣＯなどの重大な事故が起きてから初めて安全対策の重要性と向き合わざるを得なくなったのです。

いかにハザードの大きさと、それが起こる確率を減らすかということが、原子力のリスクマネジメントであり、それを実行する制度が規制です。その対話は、すべてサイエンスに基づいて行わなければいけません。その最前線が規制の場です。事業を行う事業者やプラントメーカーと、国民の安全を守るために保守的な側に立つ規制当局が緊張感のある対話をするなかで、規制に関する最先端の科学的知見は積み上げられていきます。これはアメリカの原子力規制委員会（ＮＲＣ）などで行っている方法です。

新しい技術には、未知の部分が必ずあります。未知の部分があるからダメだというのでは、何も進みません。未知の部分に関するリスクを的確に評価・分析し、そのうえでリスクをマネジメントして進めればよいのです。

福島第一原発の大きな事故を受け、国家行政組織法第３条に基づく組織として原子力規制委員会と原子力規制庁が設置されました。専門家が調査、審議して意見を言うだけの審議会から、自ら基準行政を制定したり、命令などの行政権限を行使できる組織となって、実際には機能していなかった「ダブルチェック」の体制が転換されたのです。

3条委員会は本来、こうしたアメリカのNRCのような存在であるべきなのですが、今の原子力規制庁は、そうではありません。「世界で一番厳しい規制」というような政治の言葉を反映するためのパフォーマンスの場になってしまっているのではないでしょうか。何が厳しいのかというと、科学的に突き詰めて検討しているということではなく、書類の数が多いとか、規制に携わる職員の労力が多いとか、電力会社がいくら費用をかけたとか、そんなもののように思えてなりません。事業者側と規制側のきちんとした科学的対話のもと、常にふさわしいルールをつくり続けるという規制体系になっているかといえば、今の原子力規制委員会・規制庁は、そうなってはいません。日本の原子力政策に軸がないから、このようなことになってしまっているのではないでしょうか。

うやむやに終わった構造改革特区

2002年にエネルギー政策基本法ができたことによって、政治のチェックが厳しくなり、法律を国会に出すハードルが高くなった結果、発送電分離を目指して進めてきた法律改正は、2003年の改正で失敗し、本質的な業界再編は、ここで一旦止まってしまったことは第1章で述べたとおりです。この頃から原子力立国に向けての議論が始まっていましたから、業界はもちろん、行政にとっても規制改革の話は迷惑だったのでしょう。

そうした状況のなかで出てきたのが、少し裏技的な構造改革特区制度です。当時は小泉政権でした。筆者や後藤祐一氏（現在は国民民主党所属の衆議院議員）など経済産業省の若手官僚を中心に、特定の地域を区切って国の一律の規制や制度とは別の制度を導入することができる、構造改革特区制度というものを創設しました。この制度を使えば、新しいエネルギー供給の仕組みを、地域独占・発送電一貫のネットワークから切り離された特定の地域にだけ入れるというようなことも可能になります。医療や農業、エネルギーなどの分野での規制改革が遅々として進まないことを、地域からの一点突破で実現しようとしたのです。このとき、私は、構造改革特区推進室の参事官補佐として内閣官房に出向することになりました。当時の担当大臣は鴻池祥肇氏で、そこでさまざまな特区構想が出てきました。

例えば、水が豊富な屋久島で水力発電を使い、電気自動車を走らせるなどしてゼロエミッションの島にしようという構想などがありました。鹿児島県の屋久島は、九州電力の供給区域でしたが、屋久島だけネットワークから外して屋久島電工という会社を使った特区にしようとしたのです。

このほかにも茨城県の筑波研究学園都市では、既存の送電網を使って産業技術総合研究所などの研究所の革新的な技術によって発電された電気をエリア内に送るような計画など、各地で既存の電力会社の送電網を使った分散型エネルギーの走りになる新しいエネルギー供給のあり方を模索するような面白い提案がいくつも出てきたのですが、当時の経済産業省の抵抗もあって結果は、うやむやになってしまいました。中心となって進めていた私が、経済産業省を辞して衆議院議員選挙に出馬したことによって、エネルギー分野の特区制度を推進する人がいなくなったということもあるのかもしれません。

政治が本来果たすべき役割

国にとってのエネルギーセキュリティや大上段のエネルギー政策を構想することだけが政治の役割ではありません。もっと地味だけど、大事な役割があります。

例えば、本来は民間がやるべき原子力立地対策への予算を削るというのは、まさに政治そのものです。原子力立地に国が関わるべきか否かという本質的な政策議論を政治が行い、関わるべきではないとなったら、電源開発促進税を廃止して立地勘定をなくすことになります。そのためには、地元の首長や、あるいは関係のある政治家との調整をしなくてはなりません。

既存の枠組みを超えた何かをやろうとしたり、新しい制度を導入しようとすれば、必ずそれに伴う利害関係の調整を行わなければなりません。政治の役割のひとつは、その利害調整であると思います。これは大義があればできることです。「時代は大きく変わっているのだから、皆さんも変わらなければ長い目で見たら生き残れませんよ」と、調整するのが政治です。しかし、今の日本の政治は、自民党であれ旧民主党系の野党であれ、そうした調整をやりたがりません。

調整のためには業界との信頼関係も必要です。その産業を愛し、その産業に人脈があって「この人の言うことなら、日本の将来のエネルギー産業のためになるはずだ。自分たちの会社には、短期的には利益が出ないけれども、将来のために聞こう」という信頼が必要なのです。こういう政治家は、良い意味での族議員だと思います。しかし、そういう良い意味のエネルギー族議員は、これまでも、今もいません。業界の代弁者づらしている議員はいます。狭いタコつぼの中の利権だけを見ている議員も多いのが現実です。エネルギー産業の業界の垣根を越えて「この人は、将来の日本のエネルギー産業を見ているから、この人の言うことを聞こう」という良い意味の族議員がいないから、誰も業界の調整ができないのです。

政治がこのような汗をかかないから、政治家に代わってそれを行う官僚主導になったわけですし、官僚主導でなければ今も物事が動かないという状況になっているのだと思います。第１章でみたとおり、発送電分離も民主党から自民党へ政権が交代する際の悪く言えばドサクサ紛れでした。政権の準備が整わず、業界もどちらにつこうか迷っている、その隙をついて進めたわけです。

民主党政権時代は、私は事業仕分けの「仕分け人」をやらされました。そこで、なんとJCOの事故後に私が初めて予算要求した、原子力事業者の防災訓練を第三者が評価するための予算を「仕分け」することになったのです。こんな枝葉末節のことに権力をふるうのが政治主導ではありません。そこには、どのような政策を選択していくのかという、政治家としての政策判断はありません。民主党のいっていた政治主導とは、そういう面からみても政治主導ははき違えていたのですが、だかといって自民党政権で政治が機能しているともいえませんが……。

失策の構造を読み解く

このように、この国での本質的な制度の見直しは、残念ながら官僚主導でなければ起こらなかったのです。官僚たちは、審議会を使ったりしながら、巧みに自分たちの声をほかの人に代弁させます。政治主導では、業界の細かい利害調整を躊躇してしまう。だから、政治が絡むと逆に法律改正が進まなくなってしまう。その背景には、真剣に日本のエネルギーを考え、そのために業界の利害調整も厭わず汗をかこうという政治家がいないことがあります。ましてやエネルギーは票になりません。現在の小選挙区制度の下では、そんなところで体力を使って選挙に落ちるよりは、何も言わないでおこうということになる。これが平成以降のエネルギー政策の失敗の構造ではないかということです。

「じゃあ、本当に官僚主導でいいんですか？」というのが次の論点です。

現在のエネルギー政策の視点として、電力・ガス・石油といった業界だけの構造では、もう政策はつくれません。エネルギー政策には、今や金融の視点が必要不可欠なのです。そして、金融の世界では新しい技術が次から次へと生まれ、世界中でマネーが飛び交っています。昔のように日本開発銀行（現・日本政策投資銀行）や日本興業銀行（現・みずほ銀行）などプロジェクトファイナンスをやるような政府の息のかかった金融機関を使い、融資をしていれば済むという時代ではありません。ＪＯＧＭＥＣみたいな役所の目が届くところでジャパンマネーを使い、上流の権益を獲得するようなことをしても、生き馬の目を抜くグローバルなエネルギー業界では勝ち抜けないのです。

世界中を飛び交うさまざまなマネー。中東のオイルマネーもある、チャイナマネーもある。当然、欧米系のファンドマネーもある。それらをどう利用していくのか。そして、そのマネーの支配をなるべく受けずに、どうやって日本のエネルギー資源を確保していくのか。残念ながら経済産業省や資源エネルギー庁をはじめとする霞が関の役所には、世界のマネー事情に明るい金融の専門家はいません。マクロのエネルギー政策は、官僚主導ではできないのです。

本来は、責任を持つべき政治家がきちんとしたブレーンをつけて、金融・技術開発・外交・

安全保障のすべてを含めた広い視野から政策の基本的方針をつくり上げ、そのリーダーシップのもとに進めなければならないはずです。しかし今、日本には、そういうことのできる政治家がいない。だから本物のエネルギー政策ができない。それが一番の問題だと思うのです。

日頃から業界との調整に汗を流し、その業界と心が通じているからこそ、大きな政策転換や政治判断を実行することができる、そんな真の政治主導がエネルギー政策に必要なのです。私は、そのような役割を果たせる存在になりたいのです。

第4章

実は革新的な第5次エネルギー基本計画

ここまで昭和・平成と、過去のエネルギー政策について振り返ってきました。次章から本書のメインテーマでもある「令和時代のエネルギー政策」に入ります。その前に少々寄り道をさせていただいて、２０１８年７月にまとめられた「第５次エネルギー基本計画」の概要と注目すべき点について、解説を加えておこうと思います。なぜなら、メディアや関係者からあまり評価や注目をされていないこの基本計画こそ、令和時代を見据えた革新的、画期的な政策転換を図るものであるからです。

従来型から脱却した第5次計画

第５次エネルギー基本計画の評価は、関係者の間ではそれほど高くなく、世間でもあまり注目されてないというのが実態ではないでしょうか。

従来、エネルギー政策基本法に基づいて制定されるエネルギー基本計画は、電源構成をどうするかに主眼を置いており、原発は何基とか、再生可能エネルギーはどのぐらいとか、そういったことばかりが注目されてきました。

しかし、第５次エネルギー基本計画では、こうしたことはすべて曖昧なままにされています。例えば、原子力の位置づけは、『原子力政策の再構築』（47頁）として項目立てしてあるものの、将来に向けて原子力は、どういう位置づけにあるかという点は曖昧なまま。脱原発とも原発推進ともいっていないわけです。

『一次エネルギー構造における各エネルギー源の位置付けと政策の基本的な方向』（17頁）での原子力の位置付けは、「長期的なエネルギー需給構造の安定性に寄与する重要なベースロード電源である」（19頁）とする一方、再生可能エネルギーについては、「有望かつ多様で、長期を展望した環境負荷の低減を見据えつつ活用していく重要な低炭素の国産エネルギー源である」（17頁）としています。

また、第5次エネルギー基本計画で初めて、再生可能エネルギーが「確実な主力電源化への布石」（17頁）として位置づけられました。これまで「原発こそが準国産エネルギー」といっていたのが、再生可能エネルギーもまた「重要な低炭素の国産エネルギー源である」とされ、原発と再生可能エネルギーをほぼ同格として「確実な主力電源化への布石としての取組を早期に進める」（17頁）としています。

これでは、脱原発派の人から見れば「なんでまだ原子力が重要なベースロード電源なんだ！」となりますし、原子力推進派の人から見れば「重要なベースロード電源といいながら、具体策は何もないじゃないか！」となります。そのうえ、再生可能エネルギーを原子力と同格の「重要な低炭素の国産エネルギー」としたものだから、原子力と再生可能エネルギーを互いにライバル関係にあると考えている人たちにとっては、双方ともに満足がいくものではないでしょう。そういった意味で、エネルギー関係者から「何をしたいのかよくわからない」と批判されているのが第5次エネルギー基本計画なのです。

しかし、第5次エネルギー基本計画で注目すべき点は、そこではありません。第1章で述べてきたとおり、そもそもエネルギー基本計画は、規制改革が進んで電力の自由化が進められるなかで、それに歯止めをかけるものとして業界の意を受けた政治側の動きでつくられたエネルギー政策基本法に基づくものです。そのため、第1次から第4次まで必ず『はじめに』の部分に「安定供給への確保、環境への適合、およびこれらを十分に考慮した上での市場原理の活用」という言葉が入っています。これは、エネルギー政策の基本的な理念が規定されている同法第2条から第4条に沿って書かれているものなのです。

自民党政権のときにつくった第1次エネルギー基本計画でも、旧民主党政権の菅直人内閣でつくった第3次エネルギー基本計画でも、まったく同じ言葉が入っています。ある意味、憲法の前文的な役割をしていたといえるでしょう。しかし、今回の第5次エネルギー基本計画では、それが消えているのです。

しかも、『基本的な方針』（12頁）の中に「エネルギー政策の要諦は、安全性（Safety）を前提とした上で、エネルギーの安定供給を第一とし、経済効率性の向上による低コストでのエネルギー供給を実現し、同時に、環境への適合を図る」とありますが、実は、これまでの基本計画とまったく順序が変わっています。福島第一原発の事故後ですから、まずは安全性。そして、次に注目していただきたいのは、「経済効率性の向上」というこれまで「安定供給」と「環境への適合」に従属していたものが前に出てきています。安全性を前提としたうえで、安定供給と経済効率の向上性を並び立て、同時に環境への適合としています。

また、『はじめに』（２頁）で最も力を込められている部分が、福島第一原発の事故の教訓とともに、「戦後一貫したエネルギー選択の思想はエネルギーの自立である」という部分です。「膨大なエネルギーコストを抑制し、エネルギーの海外依存構造を変えるというエネルギー自立路線は不変の要請である」とあるここが、まさに村田組の政策理念の根幹です。従来のエネルギー基本計画がエネルギー業界に閉じた話であったものを、日本のマクロ経済の中で位置づけるものへと転換しているのです。

エネルギーコストの抑制とは、単に安いエネルギーを供給することではありません。日本の産業構造全体の中で、エネルギー産業が、どういう位置づけを占めるかを考えることが最も重要な論点です。従来の業界縦割りごとの石油だ、再生可能エネルギーだ、原子力だ、天然ガスだ……と、一次エネルギーごとに比率をどうするのかといった従来型のエネルギー基本計画を脱却しようとしたのが、この第５次エネルギー基本計画なのです。

4次元で考える非連続の技術開発

『はじめに』（2頁）の部分には、このエネルギー基本計画への思いというものがすべて込められているわけですが、本計画では、「エネルギー技術こそ安全確保・エネルギー安全保障・脱炭素化・競争力強化を実現するための希少資源である」（3頁）とあります。従来のエネルギー基本計画では、ここまで技術革新を表には出していません。技術に大変重きを置いているのも第5次エネルギー基本計画の大きな特徴です。

また、これまでの基本計画の策定時に想定した「2030年段階での技術動向に本質的な変化はない」としながら、「他方で2050年を展望すれば、非連続の技術革新の可能性がある。再生可能エネルギーのみならず、蓄電や水素、原子力、分散型エネルギーシステムなど、あらゆる脱炭素化技術の開発競争が本格化しつつある」（3頁）としています。注目すべきは、ここに原子力が入っていること。原子力については後ほど詳しく述べますが、これは、非常に考えてつくられていると感じます。

これまではエネルギー政策を3次元で考えていたわけですね。つまり、地政学的な理由で、安定供給のためには石油か原子力か再生可能エネルギーかという3次元。空間までの広がりしかなかった。そこに新たに技術の革新という時間軸のパラメーターを置き、4次元の軸を持ったエネルギー政策というのを、第5次エネルギー基本計画では考えているわけです。

脱原発か再生可能エネルギーかというのは、3次元の話でしかありません。時間軸を加えた4次元で考えると、原子力と再生可能エネルギーは、どちらを選ぶかという二者択一のものではないのです。技術の革新の度合いとか成熟の度合いから見れば、2050年という長いタームでは、原子力と再生可能エネルギーのどちらが優れているか、まだわからない未知の領域です。このように時間軸を置くことによって、より選択肢の多いエネルギー政策を構築しようとしているのが第5次エネルギー基本計画なのです。そういう意味では、過去4回のエネルギー基本計画とはまったく別種のものであるといえます。これまでの基本計画の概念に頭が凝り固まっていると、このエネルギー基本計画の本質を読み解くことはできていないのではないでしょうか。

金融手法の活用が初めて登場

技術が前面に出たとともに、新しい要素として金融が出てくるというのが、この第5次エネルギー基本計画がこれまでとまったく違う部分です。

「第5次に当たる今回のエネルギー基本計画では、2030年のエネルギーミックスの確実な実現へ向けた取組の更なる強化を行うとともに、新たなエネルギー選択として2050年のエネルギー転換・脱炭素化に向けた挑戦を掲げる。こうした方針とそれに臨む姿勢が、国・産業・金融、個人各層の行動として結実し、日本のエネルギーの将来像の具現化につながっていくことを期待する」(3頁)。

第1章で述べたように、石油危機の直前に「資源エネルギー庁」という役所ができました。そこでは、公益事業部、石油部、石炭部という業界縦割りの組織が設けられ、それぞれの業界ごとにそれらの業界を規制する事業法があり、その法体系にぶら下がった業界を行政が事業法に従って調整を行うという政策をずっと続けてきました。

それが平成の時代になると、石油関係の規制緩和を端緒に、電力、ガスと規制改革が進められていくなかで、事業法を通じた行政と事業者との関係がどんどん薄くなり、各業界の壁がどんどん低くなっていったわけです。その完成形として、事業法と業界調整を通じるエネルギー政策から、技術開発と金融という別の手法を使ったエネルギー政策へ転換を図ろうとするのが、この第5次エネルギー基本計画なのです。

エネルギー基本計画に金融が大々的に出てきたのは、今回が初めてのことです。私は、これを非常に革新的かつ画期的なものだと感じていますが、そこに気づいている人は、非常に少ないのではないでしょうか。メディアの報道もエネルギーミックスの数字ばかりで、原子力〇〇％、再生可能エネルギー〇〇％などの数字ばかりがクローズアップされ、それが達成できるか否かとか、原子力重視か再生可能エネルギー重視かといったところで話が止まってしまっています。

「エネルギー情勢は時々刻々と変化し、前回の計画の策定以降、再生可能エネルギーの価格が世界では大幅に下がるなど大きな変化につながるうねりが見られるが、現段階で完璧なエネルギー源は存在しない」（３頁）という記述があります。

要するにこれは、「電源構成の何が一番よいかを、このエネルギー基本計画で、行政が決めるなんていうのはナンセンスなことですよ」といっているわけです。どれも長所があり、短所があるのですから。つまり、エネルギー源競争とか、原発か脱原発かといった不毛な対立議論から脱却をすることを目指しているということです。

エネルギーの安定供給と同時に脱炭素化も求められるなかで、再生可能エネルギーをどう捉えているかというと、基本計画では『脱炭素化に向けた技術間競争の始まり』（７頁）とタイトルをつけています。世界中が脱炭素化を目的とするだけではなく、それをきっかけにさまざまな技術開発と産業化の競争が進んでいるということです。また、『再生可能エネルギーの革新が他のエネルギー源の革新を誘発』（７頁）という小見出しもつけています。エネルギー源同士の技術開発競争が起きているわけです。再生可能エネルギーの技術が進歩し、コストが安く、安定供給が可能になれば、石炭、ガスの高効率化や小型原子炉の開発なども含めて、ほかのエネルギー源でも技術開発競争が起きてきます。時間軸という4次元で考えれば、「常に優れている電源」というものはないのです。

技術開発競争でエネルギー源が決まる

完璧なエネルギーは存在しませんし、非連続の技術革新の可能性もあるわけです。あるときに再生可能エネルギーが大きく伸びる時期があったとしても、非連続な、例えば、原子力で革新的な技術開発があれば、一気に原子力が技術の中心になる可能性があるということです。こういったことは、２０５０年までという長いタームを見れば当然出てきます。これから20年、30年の間に世界中で起こる技術開発競争がエネルギー源を決めるのであって、目指すべきエネルギー源を決めてから技術開発が起きるわけではありません。技術がエネルギー源の適切な比率を決めていくということです。

しかも、それは、国家間、企業間の競争だということですね。「欧米の主要エネルギー企業においても、脱炭素化に向けた取組を競う状況となっている」（９頁）とあるように、環境をひとつのパラメーターとして、そのパラメーターを使って各国や企業が技術開発競争しているのが実態です。

「原子力が基幹エネルギーだから、エネルギー対策特別会計を使って技術開発しよう」とか、「再生可能エネルギーが中心になるから、ニューサンシャイン計画やＮＥＤＯを使って技術開発をしよう」というのが、これまでの日本の霞が関の考え方でした。でも、ここで言っていることは、そうではありません。もうすでに、技術開発自体が国家間、企業間で始まっていて、その開発段階や成否によってエネルギー源が決まるようになってきています。考え方が、まったく逆なのです。

先に述べたとおり、その共通のパラメーターが温室効果ガスの削減や脱炭素化といった環境であり、それを軸に原子力も石炭も石油も再生可能エネルギーも、次から次へと技術革新が続いていています。このことを第５次エネルギー基本計画では言っているわけです。

「その戦略は各社ごとに異なり多様だが、エネルギー転換・脱炭素化へのうねりに対しての危機感と期待感が交雑する中、変革に対して前向きに模索を続けている点において概ね一致している」（９頁）という部分があります。これは、とても注意深く書いてあるのですが、日本の産業界に対する皮肉のようにも思えます。これからは、再生可能エネルギーだとか原子力だとかっていって政府が旗を振り、それに向けて民間がビジネスを進めていく時代ではありません。危機感も期待感もそれぞれあるでしょう。企業おのおの、いろいろな思惑があるでしょう。それでも「変革に対して前向きに模索」、つまり、新しいビジネスがそこにあるという意味では一致しているとしています。

ここで、またやはり金融の話が出てきます。

「なお、金融資本市場においては、エネルギー転換・脱炭素化のうねりが企業や産業、社会の持続可能性に与える影響を見極めようとする動きが本格化している。環境・社会・ガバナンスを重視するESG投資の拡大と並行して、エンゲージメント（建設的な対話を通じて投資先企業に働きかけ、改善を促す）の事例やダイベストメント（化石燃料、とりわけ石炭火力関連資産からの資産の引き揚げ）の事例など……長い目で見れば、金融資本市場においても、『時間軸を設定したエネルギー転換・脱炭素化シナリオ』を掲げる企業経営にこそ長期的な企業価値が見出され、注目が集まる可能性がある」（9頁）。これは何を意味するかといえば、従来のようなナショナルプロジェクト、特別会計を使い、NEDOや産業技術総合研究所を使った官民共同の技術開発という視点ではなくて、金融資本市場自身も環境技術、脱炭素化の技術というものを見据えた経営を評価して、そこに資金を投入するわけですから、従来型の官民協調の技術開発と違う技術開発が必要な時代になっていると。これまでの第1次から第4次までのエネルギー基本計画が掲げる前提条件とまったく違うということです。

従来は、国が電源の目標を決め、それに基づいてさまざまな政策資源を投入し、それを実現するための技術開発を官民協調で行ってきました。それが第5次エネルギー基本計画では、「長期的に電源がどうなるかは技術開発の度合いによるから、そこは決めても仕方がない。むしろ決めてしまうことの弊害のほうが多い。まずは世界的な技術革新競争のフィールドに乗り出そうじゃないか」といっているのです。しかも、それをやるにあたって官民協調といったことではなく、「国は、外交やインフラ強化などの環境を整えますから、民間は金融資本市場に評価され得るような企業経営を行っていこうではありませんか」と、かなり大胆な政策理念の転換を示しています。それを２０３０年までの部分ではなく、２０５０年までの展望のところに記したのは画期的だと思います。

今までやってきた電力システム改革というのは、従来のエネルギー政策の座標軸で捉えれば、安定供給が第一でした。しかも環境と両立しなければならない。それを阻害しない範囲で効率化を進めましょうというのが、これまでのエネルギー基本法に基づくエネルギー基本計画の思想でした。つまり、「安定供給が政策目的の第一であって、安定供給を阻害しない形での効率化をしましょう」というものだったのですが、今回は違います。

思い返してみれば、これまでの日本の電力会社やガス会社の経営者は、多くが文系出身です。技術開発といってもメンテナンス技術的なものであって、エネルギー企業自身が自ら技術開発を行い、その技術から利益を生み出すというビジネスモデルはあまりつくれてきませんでした。一方、重電メーカーの経営者には、これまでは理系が多った。その人たちは、同業他社より優れた技術を開発するのは得意でも、技術開発された体系を社会のシステムとしてどう導入し、そこからどのような利益を上げていくのかという経営戦略をつくる感覚があまりないわけです。「こういう設計をしてください」と頼まれたものをつくるのは得意だけれども、自分たちの技術がどう社会を変え、エネルギーの供給構造を変え、そこにどういうビジネスが生まれるかというのを考えるのは、一般的に苦手なのです。

そこで今後は、どういう人材をどう育成し、どこに配置していくかが重要になるでしょう。基本計画では、『各選択肢が直面する課題、対応の重点』（99頁）という項目の中で、「まず脱炭素化エネルギーシステムに関するあらゆる選択肢について、人材・技術・産業基盤を強化し、官民が結束して課題解決に挑戦していく。……さらには、エネルギー転換に資するプロジェクトを的確に選択し、民間による投資の予見可能性を高めながら、技術開発や人材の育成・確保への取組の充実など、重点的な政策資源の投入を強化していく」とあります。抽象的な文章で、具体的に何をやるかについては、この段階では何も示されていませんが、少なくとも従来の文系・理系などという枠組みを超えた人材の必要性を、この基本計画では認識しているといってよいでしょう。

知の総動員で戦略を立てた国が優位に

基本計画では、『電力システム改革等の制度改革を起爆剤とするエネルギー産業構造の大転換』（76頁）とタイトルを立てています。

これまで、日本のエネルギー政策における電力、ガスなどの規制改革というのは、高コスト構造の是正を目標に行われてきたといわれてきました。しかし、第1章で「腐ったミカン理論」と述べたとおり、もともと「村田組」の若手官僚たちが掲げてきたエネルギー産業の規制改革の理念は、非効率なエネルギー産業構造を変えることこそが、日本の産業構造全体を変えるということだったのです。これは私が通商産業省に入省した１９９５年の頃から、省内ではいわれていましたが、あまり大っぴらにはしていませんでした。電力システム改革などの制度改革は産業構造の大転換の起爆剤であるという点に言及したのは、やはりこの第5次エネルギー基本計画が初めてです。

「電力システム改革は、エネルギー供給事業者の相互参入、新たな技術やサービスのノウハウを持つ様々な新規参入者の参入を促すことで、産業構造を抜本的に変革するとともに、ガスシステム改革等も同時に進め、他のエネルギー産業にも影響が波及していくことで、エネルギー市場を活性化し、経済成長の起爆剤となっていくことが期待される」（76頁）。

産業構造の転換を行う手段が電力システム改革であり、ガスシステム改革であり、単に電気料金やガス料金を安くするためのものではないといっているのです。

さらに、『２０５０年に向けたエネルギー転換・脱炭素化への挑戦』（93頁）というタイトルの部分は、おそらく日下部・資源エネルギー庁長官を筆頭とする「村田組」に集まった官僚たちが、この四半世紀ほぼ平成時代のすべてをかけて取り組んできたことの集大成だと感じています。

同時に「四半世紀もかかってしまったか」というのが、今の私の正直な思いでもあります。本来なら5年、10年でできるものに、四半世紀もかかってしまったかと……。もう20年前にたどり着いていれば、日本経済はここまで停滞し、先の見えない状況にはなっていなかったかもしれません。

そういう意味では感慨深いのですが、『野心的な複線シナリオの採用～あらゆる選択肢の可能性を追求～』（93頁）とタイトルがつけられているように、原発か脱原発かとか、原発か再生可能エネルギーかといった、二者択一のイデオロギー闘争はやめましょうという思いがここにも表れています。

また、ここでも「完璧なエネルギー技術は実現しておらず、技術間競争の帰趨は未だ不透明である』（93頁）とあり、技術の不確実性を改めて指摘しています。やはり政策の目線は、技術なのです。さらに、「コア技術を自国で確保しない限り地経学的なリスクが残る」（93頁）と。再生可能エネルギーであれ、原子力、化石エネルギーであれ、コア技術を確保しない限り、地経学的リスクは残るわけです。「全てのエネルギー源には光も影もある」（93頁）ともいっています。「技術・インフラ・産業構造・政策体系が複雑に絡み合うところに、エネルギー構造の特徴があり……エネルギーをめぐる自国の置かれた環境に合わせて、戦略を構築できた国が優位に立つ」（93頁）。と村田組の発想というのは、霞が関で主流の東京大学法学部卒業の官僚のそれとはまったく違うのです。エネルギーをめぐる自国の置かれた環境は、地理的条件や埋蔵資源量などの不可変のものから人材、資金力などさまざまなものがある。その所与の条件の中から、技術や金融、外交、安全保障など、総合的な知を動員して最適な戦略すなわち総合エネルギー政策を構築できた国が優位に立つということなのです。

さまざまな技術に可能性があるのだから、原発か再生可能エネルギーの二者択一ではなく、多様な選択肢を持たせて技術開発を競い合わせ、自国発のコアな技術を獲得することこそがエネルギー政策の核心だということです。

これは、これまでのエネルギーセキュリティに対する考え方を大きく変えるということを意味します。かつては「国産エネルギー」に重きを置き、日の丸原油だ、日の丸ガスだ、といったことをやるのがエネルギー安全保障だとしてきました。しかし、今の時代、ひとつの新しい技術で、状況ががらりと変わることがあり得るわけです。例えば、シェールガスなどは、それまで価値のある資源と考えられていなかったものが、新しい技術によってオイルマーケットを大きく変えてしまいました。最近はあまり注目されなくなってしまったメタンハイドレートも、技術的にひとつの大きなブレークスルーがあれば、日本がいきなり資源国になる可能性もあるわけです。かつてのノルウェーがそうであったように。

しかし、それを従来のように国が中心となって国策として進めるのであれば、結局、失敗の歴史を重ねることになります。どのような環境を政府が政策として整備すれば、金融資本市場で事業性があるものとして評価され、お金が動くのか。外交やインフラの整備などの環境整備を国が行うことで資金の流れをどうつくるのかが、これからのエネルギー政策の一番の主導になってきます。ですから基本計画では、『世界共通の過少投資問題への対処』（１０２頁）というタイトルで、「エネルギー価格が変動する中での過少投資問題への対処は避けて通れない。……困難な投資環境の中でも予見性を確保し、必要な投資が確保される仕組みを、着実に設計し構築していく」（１０２〜１０３頁）としており、さらに「金融産業に対して、受け身で対応するのではなく、国がエネルギー転換・脱炭素化に向けた政策・外交・産業・インフラ強化のシナリオを打ち出し、これと併せて、エネルギー転換・脱炭素化シナリオを掲げた経営戦略を企業サイドが提案する」（１０４頁）としているのです。

また、今後、送電線の増強や分散型ネットワークのための蓄電システム、送電網の改編などが必要になってくるでしょうけれども、これらにも当然、投資リスクがあります。特にエネルギーは、長期間かけて多額の投資をし、回収にも長い時間がかかります。しかし、エネルギーは、人間が生活するために必ず使うものですから、一度事業性が確保されれば、ある程度、投資の回収は保証されます。エネルギーには、そういった産業としての特性があるのです。その際、投資に対するリスクを、どのように公が関与して減らしていくかというのが、これからのエネルギー政策のひとつの中心になるでしょう。例えば、送電網の増強のために、送電利用料を各電力会社がプールして出すといったやり方は、市場の選択に委ねずに業界内で談合的に行うという意味ではあまり良い政策とはいえません。

エネルギー政策を立案するとき、特別会計というのがあり、そして規制部分についてはある程度の総括原価的な方法によって利益が保証されている料金収入もあります。だから、これまでは、そうしたことを使って物事を解決しようとしがちでした。でも、実は、そんなお金は今後、必要となる送配電網への投資やインフラへの投資に比べれば、たかが知れたものです。今の時代、世界中で巨額のマネーが飛び交っています。日本だけでなく、アメリカもヨーロッパも中国も金融緩和を進めている今、オイルマネーも含めて世界中でマネーがあふれているわけです。そのマネーを、どうやって日本のエネルギーインフラの構築・再構築や、新しい技術開発のために使っていくのか。そうした視点からの政策が必要になってくるであろうということを、この第5次エネルギー基本計画ではいっているのです。

第5次エネルギー基本計画の概要

長期的に安定した持続的・自立的なエネルギー供給により、我が国経済社会の更なる発展と国民生活の向上、世界の持続的な発展への貢献を目指す

３E＋Sの原則の下、安定的で負担が少なく、環境に適合したエネルギー需給構造を実現

「３E＋S」	→	「より高度な３E＋S」
○安全最優先（Safety）	＋	技術・ガバナンス改革による安全の革新
○資源自給率（Energy security）	＋	技術自給率向上/選択肢の多様化確保
○環境適合（Environment）	＋	脱炭素化への挑戦
○国民負担抑制（Economic efficiency）	＋	自国産業競争力の強化

情勢変化　①脱炭素化に向けた技術間競争の始まり　②技術の変化が増幅する地政学リスク　③国家間・企業間の競争の本格化

2030年に向けた対応
~温室効果ガス26%削減に向けて~
~エネルギーミックスの確実な実現~

－現状は道半ば
－計画的な推進
－実現重視の取組
－施策の深掘り・強化

＜主な施策＞

○再生可能エネルギー
・主力電源化への布石
・低コスト化、系統制約の克服、火力調整力の確保

○原子力
・依存度を可能な限り低減
・不断の安全性向上と再稼働

○化石燃料
・化石燃料等の自主開発の促進
・高効率な火力発電の有効活用
・災害リスク等への対応強化

○省エネ
・徹底的な省エネの継続
省エネ法と支援策の一体実施

○水素/蓄電/分散型ｴﾈﾙｷﾞｰの推進

2050年に向けた対応
～温室効果ガス80%削減を目指して～
~エネルギー転換・脱炭素化への挑戦~

－可能性と不確実性
－野心的な複線シナリオ
－あらゆる選択肢の追求
－科学的レビューによる重点決定

＜主な施策＞

○再生可能エネルギー
・経済的に自立し脱炭素化した主力電源化を目指す
・水素/蓄電/デジタル技術開発に着手

○原子力
・脱炭素化の選択肢
・安全炉追求/バックエンド技術開発に着手

○化石燃料
・過渡期は主力、資源外交を強化
・ガス利用へのシフト、非効率石炭フェードアウト
・脱炭素化に向けて水素開発に着手

○熱・輸送、分散型エネルギー
・水素・蓄電等による脱炭素化への挑戦
・分散型エネルギーシステムと地域開発（次世代再エネ・蓄電、EV、マイクログリッド等の組合せ）

基本計画の策定⇒ 総力戦（プロジェクト・国際連携・金融対話・政策）

確実な実現へ向けた取組の更なる強化を行うとともに、新たなエネルギー選択として2050年のエネルギー転換・脱炭素化に向けた挑戦を掲げる。こうした方針とそれに臨む姿勢が、国・産業・金融・個人各層の行動として結実し、日本のエネルギーの将来像の具現化につながっていくことを期待する。

7〜9頁

第2節 エネルギーをめぐる情勢変化

1．脱炭素化に向けた技術間競争の始まり

①再生可能エネルギーへの期待の高まり

ここ数年で、再生可能エネルギーの価格は、固定価格買取制度（FIT制度）などによる大量導入を背景に、海外では大きく低下している。EVも、主要国による政策支援を通じた大量導入により、車載用蓄電池の価格が低下し始めている。

これらを契機に、再生可能エネルギー・蓄電・デジタル制御技術等を組み合わせた脱炭素化エネルギーシステムへの挑戦が、幅広い産業を巻き込んで加速しつつある。大規模な電力会社やガス会社の中には、再生可能エネルギーを中心とした分散型エネルギーシステムの開発に着手する企業も出始めた。需要側でも、一部のグローバル企業が電力消費を再生可能エネルギーで100%賄うことを目指している。こうした企業による動きが世界的に高まってきており、エネルギー転換による脱炭素化を図りつつ経済成長を実現できるとの期待も生じつつある。

一方、再生可能エネルギーを大量に導入するには様々な課題があることも同時に明らかになってきている。例えば、現状において、太陽光や風力など変動する再生可能エネルギーは火力・揚水等を用いて調整が必要であり、それ単独では脱炭素化を実現することはできない。天候次第という間欠性の問題から、供給信頼度は低く、その依存度が高まるほど自然変動によって停電を防ぐための品質の安定（周波数の維持）が困難になる。また、発電効率を更に向上して設置面積を抑制する必要や、火力や原子力とは異なる発電立地となるために送電網の増強投資を通じた送配電ネットワーク全体の再設計を行う必要がある。また、分散型エネルギーシステムとして活用するためには小型の蓄電システム等の開発が重要となる。

このように、再生可能エネルギーへの期待はかつてなく高まっているものの、それ単体による電力システムは、自立化や脱炭素化に向けて、現段階では課題が多く、発電効率の向上、火力・揚水等への依存からの脱却や蓄電システムの開発、分散型ネットワークシステムの確立などの技術革新競争が今後本格化していくことが予想される。

②再生可能エネルギーの革新が他のエネルギー源の革新を誘発

再生可能エネルギーやガスの価格低下は、他の化石エネルギーや原子力の技術革新を誘発し、再生可能エネルギーに対抗、あるいは共存する動きも出ている。

その一例として、褐炭をガス化して水素を製造し、その過程で発生するCO_2を安価に炭素固定化（CCS）することにより脱炭素化エネルギー源に転換する日豪の取組など、化石燃料の脱炭素化へ向けた試みが始まっている。

原子力も例外ではない。米国では、大型原子炉の安全運転管理を徹底して80年運転を実現しようとする動きなどに加えて、小型原子炉の開発も始まっている。投資期間を短縮し投資適格性を高め、再生可能エネルギーとの共存可能性を目指した新しいコンセプトに基づく挑戦であり、英国・カナダなどでも同様の試みが民間主導で生じている。このように大型炉・小型炉を問わず、社会的要請に応えるイノベーションへの挑戦が世界で始まっている。

「可能性」が高まっている一方で、現時点では、経済的で脱炭素化した、変動するエネルギー需要を単独で満たす完璧なエネルギー技術は実現していない。技術間の競争は始まったばかりであり、その帰趨は未だ不透明である。

2．技術の変化が増幅する地政学的リスク

① 地政学的リスクの増大

技術の変化はエネルギーをめぐる地政学的な環境に影響を与える。米国のシェール革命や再生可能エネルギーの価格低下により、中東に偏在する石油に依存した構造から、石油よりも地域的な偏りが小さい再生可能エネルギー・ガス主体のエネルギー構造への転換が実現すれば、各国は特定の国の影響力に左右されることのないエネルギーの民主化がもたらされるとの見解がある。

その一方で、IEAによれば、2040年段階で、持続可能な発展シナリオというSDGｓに基づくシナリオであっても、一次エネルギー供給に占める化石燃料の比率は、先進国で53%、新興国にあっ

第5次エネルギー基本計画（平成30年7月）の一部抜粋

2～3頁

はじめに

2011 年３月の東日本大震災及び東京電力福島第一原子力発電所事故を受けて、政府は、2014 年４月、2030 年を念頭に、第４次エネルギー基本計画を策定し、原発依存度の低減、化石資源依存度の低減、再生可能エネルギーの拡大を打ち出した。

第４次エネルギー基本計画の策定から４年、2030 年の計画の見直しのみならず、パリ協定の発効を受けた 2050 年を見据えた対応、より長期には化石資源枯渇に備えた超長期の対応、変化するエネルギー情勢への対応など、今一度、我が国がそのエネルギー選択を構想すべき時期に来ている。このため、今回のエネルギー基本計画の見直しは、2030 年の長期エネルギー需給見通し（2015 年７月経済産業省決定。以下「エネルギーミックス」という。）の実現と 2050 年を見据えたシナリオの設計で構成することとした。

エネルギー選択を構想するに際して、常に踏まえるべき点がある。

第一に、東京電力福島第一原子力発電所事故の経験、反省と教訓を肝に銘じて取り組むことが原点であるという姿勢は一貫して変わらない。

東京電力福島第一原子力発電所事故で被災された方々の心の痛みにしっかりと向き合い、寄り添い、福島の復興・再生を全力で成し遂げる。政府及び原子力事業者は、いわゆる「安全神話」に陥り、十分な過酷事故への対応ができず、このような悲惨な事態を防ぐことができなかったことへの深い反省を一時たりとも放念してはならない。発生から約７年が経過する現在も約２．４万人の人々が避難指示の対象となっている。原子力損害賠償、除染・中間貯蔵施設事業、廃炉・汚染水対策や風評被害対策などへの対応を進めていくことが必要である。また、使用済燃料問題、最終処分問題など、原子力発電に関わる課題は山積している。

これらの課題を解決していくためには、事業者任せにするのではなく、国が前面に立って果たすべき役割を果たし、国内外の叡智を結集して廃炉・汚染水問題を始めとする原子力発電の諸課題の解決に向けて、予防的かつ重層的な取組を実施しなければならない。

東京電力福島第一原子力発電所事故を経験した我が国としては、2030 年のエネルギーミックスの実現、2050 年のエネルギー選択に際して、原子力については安全を最優先し、再生可能エネルギーの拡大を図る中で、可能な限り原発依存度を低減する。

第二に、戦後一貫したエネルギー選択の思想はエネルギーの自立である。膨大なエネルギーコストを抑制し、エネルギーの海外依存構造を変えるというエネルギー自立路線は不変の要請である。今回のエネルギー選択には、これにパリ協定発効に見られる脱炭素化への世界的なモメンタムが重なる。

こうした課題への取組は、いつの日か化石資源が枯渇した後にどのようにエネルギーを確保していくかという問いへの答えにつながっていく。エネルギー技術先進国である我が国は、脱炭素化エネルギーの開発に主導的な役割を果たしていかなければならない。

エネルギー技術こそ安全確保・エネルギー安全保障・脱炭素化・競争力強化を実現するための希少資源である。全ての技術的な選択肢の可能性を追求し、その開発に官民協調で臨むことで、こうした課題の解決に果敢に挑戦する。

以上の２点を前提とし、2030 年のエネルギーミックスの実現と 2050 年を見据えたシナリオの設計の検討にあたっての視点は次のとおりである。

エネルギー情勢は時々刻々と変化し、前回の計画の策定以降、再生可能エネルギーの価格が世界では大幅に下がるなど大きな変化につながるうねりが見られるが、現段階で完璧なエネルギー源は存在しない。

現状において、太陽光や風力など変動する再生可能エネルギーはディマンドコントロール、揚水、火力等を用いた調整が必要であり、それだけでの完全な脱炭素化は難しい。蓄電・水素と組み合わせれば更に有用となるが、発電コストの海外比での高止まりや系統制約等の課題がある。原子力は社会的信頼の獲得が道半ばであり、再生可能エネルギーの普及や自由化の中での原子力の開発もこれからである。化石資源は水素転換により脱炭素化が可能だが、これも開発途上である。４年前の計画策定時に想定した 2030 年段階での技術動向に本質的な変化はない。我が国は、まずは 2030 年のエネルギーミックスの確実な実現に全力を挙げる。

他方で 2050 年を展望すれば、非連続の技術革新の可能性がある。再生可能エネルギーのみならず、蓄電や水素、原子力、分散型エネルギーシステムなど、あらゆる脱炭素化技術の開発競争が本格化しつつある。エネルギー技術の主導権獲得を目指した国家間・企業間での競争が加速している。我が国は、化石資源に恵まれない。エネルギー技術の主導権獲得が何より必要な国である。脱炭素化技術の全ての選択肢を維持し、その開発に官民協調で臨み、脱炭素化への挑戦を主導する。エネルギー転換と脱炭素化への挑戦。これを 2050 年のエネルギー選択の基本とする。

以上を踏まえ、第５次に当たる今回のエネルギー基本計画では、2030 年のエネルギーミックスの電力市場の自由化を進めた先進国では、電気・ガスの複合サービスの提供が一般化しており、州ごとに電力市場の規制形態が異なる米国では、自由化されている州において需要家の需要量を抑制する手法を含めた電力需給管理システムの利用を拡大することで、効率的な投資を実現し、電気料金の抑制に取り組んでいる。

電力システム改革は、エネルギー供給事業者の相互参入、新たな技術やサービスのノウハウを持つ様々な新規参入者の参入を促すことで、産業構造を抜本的に変革するとともに、ガスシステム改革等も同時に進め、他のエネルギー産業にも影響が波及していくことで、エネルギー市場を活性化し、経済成長の起爆剤となっていくことが期待される。

また、我が国においても、エネルギーの需給を反映した信頼性や透明性のある価格指標が確立されるよう、投機マネーの過剰な流入を適切に防止するなどの課題に留意しつつ、1990年代後半の石油自由化に伴って整備された石油市場に加え、電力、さらにはLNGといった燃料についても検討し、エネルギーの先物市場を整備していくことが期待されている。

（2）総合的なエネルギー供給サービスを行う企業等の創出

①既存エネルギー供給事業者の相互市場参入による総合エネルギー企業化

制度改革を進め、分野ごとに縦割型の構造を持つエネルギー市場を、統合された市場構造へと転換することで、エネルギー関係企業が相互に市場参入を行える環境を整備し、それぞれの強みを基礎にして効率性や付加価値の高いサービスの供給を競争しながら新たな需要を獲得していく成長戦略を描き出すことが可能となる。

このような将来を見通せる新たな競争環境は、既存のエネルギー企業を、様々なエネルギー供給サービスを行う総合エネルギー企業へと発展していくことを促し、事業の多角化による収益源の拡大や、事業分野ごとに重複して保有されていた設備・事業部等の集約化等を可能とする。これにより、総合エネルギー企業は、経営基盤の強化を進め、活発な競争を勝ち抜くための新たな投資を積極的に推進していく主体となるとともに、異分野から参入してきた新規事業者との競争や連携を通じて、産業全体の効率性の向上や新たな市場の開拓を進め、我が国の経済成長を牽引していくことが期待される。

また、エネルギーに関わる様々な事業を行う運営能力や経営基盤を強化した総合エネルギー企業は、エネルギー需要が拡大する国際市場を開拓していく役割を担っていくことも求められる。2000年前後から自由化が本格化した欧州では、国内市場での競争が激化する一方、新たに開かれた国外市場でシェアを拡大する機会が増大している。こうした事業環境変化を受け、欧州のエネルギー企業各社は、積極的な国外展開や異分野への進出等を通じて、総合エネルギー企業化を図っている。今後、我が国でも、システム改革の進展に伴い、総合エネルギー企業が登場することが期待される。

こうした中、エネルギー関連企業による電力・ガス市場への相互参入だけではなく、燃料調達やトレーディング、海外IPP事業やデジタル技術を活用した新事業を含む多様な分野で内外の企業間連携が進みつつある。こうした新たな連携や総合エネルギー企業化に向けた取組を通じた競争力強化や国際展開が更に進んでいくための環境整備を、引き続き徹底して進めていく。

②地域の特性に応じて総合的なエネルギー需給管理を行う分散型・地産地消型エネルギーシステム

太陽光発電や燃料電池を含めたコージェネレーション、EV・定置用蓄電池等の分散型エネルギーリソースの普及とエネルギーマネジメント技術の高度化に伴い、分散型エネルギーシステムの拡大が進んでいる。

地域のエネルギーを地域で有効活用する地産地消型エネルギーシステムは、省エネルギーの推進や再生可能エネルギーの普及拡大、エネルギーシステムの強靭化に貢献する取組として重要であり、また、コンパクトシティや交通システムの構築等、まちづくりと一体的にその導入が進められることで、地域の活性化にも貢献し、「地域循環共生圏」（第5次環境基本計画。2018年4月17日閣議決定）の形成にも寄与する。

地産地消型エネルギーシステムの中核は、“熱”を中心とする地域のエネルギー資源の有効活用と、それを実現するためのエネルギーマネジメントにある。熱エネルギーは遠隔地への供給が困難であるため、地消することが必要である。また、エネルギーを地消する際には、熱を複数の需要家群で融通し、無駄なく活用する、いわゆるエネルギーの面的利用の取組や、エネルギーの供給条件等に応じて柔軟に需要側のエネルギー消費量や消費パターンをコントロールする、いわゆるディマンドコントロールの取組など、高度なエネルギーマネジメント技術を活用した取組を推進することが重要である。

こうしたエネルギーシステムの分散化の動きは、ディマンドリスポンス等の活性化につながり、エネルギー供給構造の効率化が図られる。また、非常時にも、エネルギーの安定的な供給を確保することが可能となり、生活インフラを支え、企業等の事業継続性も強化する効果が期待される。

地産地消型エネルギーシステムの普及に向けては、国、自治体が連携し、先例となるべき優れたエネルギーシステムの構築を後押しするとともに、CEMS（一定のコミュニティ単位のエネルギー需給ては63%という比率を占めると予想されている。他方、再生可能エネルギーは、先進国でも32%、新興国で29%を占めるに過ぎない。こうした見通しを踏まえれば、現実的には、世界のエネルギー情勢は石油による地政学的リスクに大きく左右される構造が依然続くと考えられる。

　また、中国の急激なガスシフトがアジアのLNG価格を瞬間的に２倍に跳ね上げたことが示すように、中国、インド、東南アジアといった新興国のエネルギー需要の増勢は、化石資源価格の変動リスクを高める影響があることを無視することはできない。さらに、化石資源価格のボラティリティの上昇は、産油国の国家財政の不透明さが高まることを意味し、産油国の経済構造に伴う不安定性が地政学的リスクを高める可能性もある。

　以上を踏まえれば、少なくとも過渡的には、エネルギーをめぐる地政学的リスクは、緩和するのではなく増幅する可能性が高いと考えられる。

② エネルギーをめぐるリスクの多様化（地経学的リスクの顕在化等）

　さらに注目しなければならない点は、中国やインドといった新興の大国が、エネルギーの需要・供給両面でその影響力を高め、それを通じて政治的なパワーを発揮する、いわゆる「地経学的リスク」が顕在化しうるという点である。

　特に、太陽光パネルやEVを支える蓄電、デジタル化技術、原子力といった脱炭素化を担う技術分野での中国の台頭は著しい。我が国の太陽光パネルの自国企業による供給は、ここ数年で大きく低下し中国に依存する状況になってきている。こうした状況変化の中、もはや「エネルギー技術先進国＝日米欧」という構図は与件ではない。エネルギーのサプライチェーンの中でコア技術を自国で確保し、その革新を世界の中でリードする「技術自給率」（国内のエネルギー消費に対して、自国技術で賄えているエネルギー供給の程度）という概念の重要性を再確認すべき事態になっている。また、デジタル化やＩｏＴ化等が進めば、発電施設や送電網などエネルギー関連設備へのサイバー攻撃リスクといった新たなリスクへの対応を意識しなければならないなど、過渡的にはエネルギー情勢は不安定化する可能性が高い。

３．国家間・企業間の競争の本格化

　主要国が提示している長期低排出発展戦略は、温室効果ガス排出削減目標の水準という点においていずれも野心的だが、絵姿や方向性を示しており、具体的な達成方法を明確にしている国はない。他方で、どの国もその国ごとの課題を抱えつつも、各国政府は脱炭素化に向けた「変革の意思」を明確にし、そのことが脱炭素化に向けた世界的なモメンタムを生み出している。

　欧米の主要エネルギー企業においても、脱炭素化に向けた取組を競う状況となっている。彼らは、自社の事業ポートフォリオの中のコア事業を見極めながら、新たな技術の可能性を並行して追求している。その戦略は各社ごとに異なり多様だが、エネルギー転換・脱炭素化へのうねりに対しての危機感と期待感が交雑する中、変革に対して前向きに模索を続けている点において概ね一致している。

　なお、金融資本市場においては、エネルギー転換・脱炭素化のうねりが企業や産業、社会の持続可能性に与える影響を見極めようとする動きが本格化している。環境・社会・ガバナンスを重視するESG投資の拡大と並行して、エンゲージメント（建設的な対話を通じて投資先企業に働きかけ、改善を促す）の事例やダイベストメント（化石燃料、とりわけ石炭火力関連資産からの資金の引き揚げ）の事例など、石炭等の温室効果ガス排出量の多い化石燃料の利用の抑制に繋がり得る動きがある。長い目で見れば、金融資本市場においても、「時間軸を設定したエネルギー転換・脱炭素化シナリオ」を掲げる企業経営にこそ、長期的な企業価値が見出され、注目が集まる可能性がある。

76～81頁

10．エネルギー産業政策の展開

（１）電力システム改革等の制度改革を起爆剤とするエネルギー産業構造の大転換

　電気は最も利用用途が広い二次エネルギーであり、国民生活、経済活動のあらゆる局面を支えるものであることから、電力システム改革は他のエネルギー市場の在り方にも大きな影響を与えることとなる。

　発電事業については、ガス事業者、石油事業者、さらに自家発電を持つ企業や再生可能エネルギー供給事業者が参入し、エネルギー源ごとに供給者が棲み分けていた環境が大きく崩れることになる。また、小売事業においても、需要家の多様なニーズを取り込む技術的ノウハウを持つ情報通信事業者など異分野からの参入が予想されるところであり、様々な産業分野を巻き込んで電力市場の構造転換が大きく進んでいくことが期待される。

た低炭素・脱炭素技術の幅広い選択肢を提案していく。とりわけ電力、ガス市場の全面自由化後、電力・ガス企業は国際展開を積極化しており、こうした状況も踏まえ、政策金融を活用した事業における日本のユーティリティ企業等の参入促進を始めとした国際展開を図るための投資環境整備や、適切なインセンティブ設計を含む制度改革に取り組み、電力・ガスを始めとしたエネルギー産業の国際競争力の強化及び国際展開を推進する。

産業界は、個別の要素技術・ノウハウの取引に留まるのではなく、技術やノウハウを統合してインフラやエネルギー供給事業として海外に供給するための、より広い視点に基づいた海外市場の開拓に取り組むことが求められる。

一方、政府は、我が国の企業があまり進出してきていない地域を含めて事業を展開することを促すため、我が国が持つ海外の人的ネットワークや政府間の良好な関係を最大限に活用し、新たな市場に挑戦しようとする我が国の企業が海外において安心して活動できるようにするための環境の整備に向けた取組を強化する。

(1) 技術やノウハウを一体化したインフラ輸出の強化

我が国の産業は、エネルギーを効率的に活用するための技術やノウハウを蓄積しているにも関わらず、それらを総合化して国際展開することが少なかった。

今後は、こうした技術やノウハウを統合化して、相手国のニーズに応じ、我が国の持つ優れた低炭素・脱炭素技術の幅広い選択肢を提案し、世界のエネルギー転換・脱炭素化を牽引する。

そのため、上流から下流までの包括的な事業運営（一気通貫サービスの提供）や現地・第三国企業との連携による競争力強化、国際標準の積極的な獲得や相手国における制度構築支援、官民ミッションの派遣や海外実証事業による現地企業とのパートナリング等を積極的に進めていく。

特に、エネルギーマネジメントシステムは、再生可能エネルギーの大量導入により系統不安定化が課題となっている先進国や資源国、エネルギー需給体制が未成熟な新興国・途上国において、エネルギー需給構造の安定化に貢献していくことが期待されることから、事業規模の大小に関わらず、各国の実態などを踏まえて国際市場への進出を促進する。

(2) アジアを始めとした世界のエネルギー供給事業への積極的な参画

世界に先駆けてLNGを本格的に利用してきた我が国の経験と整備されたインフラは、アジアの国々が今後LNGの利用を拡大していく際に共用できる資産として活用できる可能性がある。アジアの国々が、LNGの導入を進めるための制度やインフラの整備を進めていく際、我が国が、上流も含めたLNGサプライチェーン整備へのファイナンス・技術協力を行うことや、貯蔵施設を活用した仲介事業を行うことで、アジアのLNG導入国が効率的に新たなエネルギー供給構造を構築していくことを支援することが可能である。

LPガスについても、我が国は安全性・利便性を備えたガス機器や保安・販売システムを構築してきており、家庭用を中心としてLPガスの需要拡大が続くアジア地域への技術協力や現地販売企業とのJV方式等による進出により、安全性の向上・利便性の拡大に寄与することが可能である。

こうした状況を活かして我が国のエネルギー産業が海外での活動を拡大する機会とし、事業基盤の再構築にもつなげる。

また、アジア地域において今後も伸びていく石油や石油化学製品への需要の動きを捉え、現地の国営石油会社や化学産業・商社等とのJV方式による石油コンビナート・販売事業の海外展開は、我が国石油産業の新たな事業ポートフォリオとなりうるが、アジアの供給能力が急速に伸びている現下の状況に鑑みれば、アジアにおける投資を早急に行う必要があると考えられる。

これまで国内での石油精製・元売・販売事業を主要な収益源としてきた我が国の石油産業が、国際展開を進める経営判断を行うよう促すべく、政府は技術協力や政府間対話により側面支援を進める。

93〜95頁

第3章 2050年に向けたエネルギー転換・脱炭素化への挑戦

第1節 野心的な複線シナリオの採用〜あらゆる選択肢の可能性を追求〜

(1) 今問うべきは、日本の潜在力を顕在化させる打ち手

技術間競争の高まりは、脱炭素化の「可能性」を高めている。一方で、現時点では、経済的で脱炭素化した、変動するエネルギー需要を単独で満たす完璧なエネルギー技術は実現しておらず、技術間

管理システム)、スマートメーターからの情報をHEMS（家庭単位のエネルギー需給管理システム）に伝達する手法（Ｂルート）等の基盤技術、エコーネット・ライト（Echonet-Lite（HEMSと家庭内機器との間の通信規格））等の標準インターフェイス等、これまでの実証実験等の成果を最大限活用しつつ、エネルギーシステム構築のための関係者調整等のノウハウ等の共有化を図る。

また、分散型エネルギーリソースの普及は、こうしたリソースをＩｏＴにより遠隔制御し、電力の需給バランスの調整に活用するバーチャルパワープラントを構成する土台となる。地産地消型エネルギーシステムの普及を進めるとともに、新たなエネルギーサービスを展開するエネルギー・リソース・アグリゲーション・ビジネスの創出を図る。

（３）エネルギー分野における新市場の創出と、国際展開の強化による成長戦略の実現

加速する技術革新は、エネルギー分野において新たな市場を生み出す可能性をもたらしている。例えば、電気製品の長時間駆動を可能とする蓄電池技術の向上は、これまで石油製品を動力源としていた自動車を電気で駆動することを可能とするに至った。情報通信のデジタル化・大容量化は、需要家のエネルギー消費の実態を個別・詳細に分析することを可能とし、エネルギーマネジメントを通じて需要の適正管理を可能とする新たなサービスを生み出すとともに、エネルギー需給バランスについて、供給量のみではなく、需要量を管理することでバランスさせることも可能としている。また、AI・ＩｏＴ等の新たな技術は、分散型の新たなエネルギーシステムの構築を始め、需給予測の高度化、発電所運転の最適化･更なる効率化といった更なる可能性を秘めている。こうした新たな技術のエネルギー分野での実装を進めていく。

こうした新たな技術は、従来のエネルギー供給事業者に固有のものではなく、異業種において発展してきたものが多数を占める。一方、優れた技術であっても、国際市場において急速にコモディティ化することで競争上の優位を喪失していくことが繰り返されており、新製品や新サービスの効率的な供給体制と、市場のニーズを常時取り込み、不断の革新を続けていく事業体制をいち早く確立することが必要である。

電力システム改革を始めとする制度改革は、エネルギー分野を開放し、優れた技術を有する異業種の事業者の参入を促進することとなり、こうした新規事業者がエネルギー分野の顧客との距離を狭め、新たな価値を見つけ出して新市場を創造していく重要な契機となるものであり、こうした取組により、エネルギー分野を我が国の経済成長を牽引する有望分野として発展させていく。

さらに、我が国が蓄積してきたエネルギーに関連する様々な先端技術と効果的な運用の経験を、エネルギー需要が増大するアジア等において展開することで、需要増大に伴う問題を緩和することに貢献しつつ、アジア等の需要拡大と一体となって成長していく戦略的な取組を推進する。

また、技術革新と併せ、エネルギー分野においても、とりわけ電力分野を中心にサイバー攻撃の脅威が高まっている。大規模なサイバー攻撃発生時にも事業継続が可能であることは、国民生活や経済社会の安定に不可欠であり、日本の立地競争力の強化にもつながる。また、高度なサイバーセキュリティは、エネルギー分野に係るインフラシステム輸出についても、激しい国際競争に勝ち抜く力となる。サイバーセキュリティ対策の強化は我が国の持続的成長に資するものである。このため、当該分野におけるサイバーセキュリティの向上を図るべく、情報共有・分析を中心とした業界大での取組の強化や官民での先進国との連携強化に取り組みつつ、更なる対策に取り組む。

①蓄電池、水素・燃料電池など我が国がリードする先端技術の市場拡大

蓄電池の国際市場の規模は、拡大していくと予想されている。今後、利用用途が世界的にも大きく拡大していく状況に対し、引き続き、技術開発、国際標準化等により低コスト化・高性能化を図っていく。

また、我が国では、燃料電池の技術的優位性を背景に、世界に先駆けた家庭用燃料電池（エネファーム）の一般家庭への導入、燃料電池自動車の商用販売や燃料電池バス運行、さらには液化水素船を用いた国際水素サプライチェーンの開発等を行うなど、水素関係技術において世界をリードしている。

我が国には、こうした技術のほか、多くの先端的な省エネルギー・再生可能エネルギー技術が存在し、これらを実際に活用していくことで新たな市場を創出していくことが可能である。電力システム改革を始めとする制度改革の推進と併せて、新たな技術の実装化を進めるための実証事業などを通じて、世界最先端のエネルギー関連市場の創出を進めていく。

②インフラ輸出等を通じたエネルギー産業の国際展開の強化

今後、世界でエネルギー需要が更に拡大するとともに、パリ協定を踏まえ、持続的な経済成長と気候変動対策を同時に実現していく必要がある。こうした中、世界で起こるエネルギー転換・脱炭素化を、我が国が厳しいエネルギー制約の中で蓄積してきた技術やノウハウでけん引していくことが重要である。このため、各国のエネルギー情勢を分析しつつ、相手国のニーズに応じ、我が国の持つ優れ

の出力変動の制御に活用可能な技術の革新が必然的に求められる。

また、我が国は既に、面積当たりの再生可能エネルギー導入量は世界トップレベルにある。再生可能エネルギーにも立地の適地があり、大量導入を進めれば、いずれ面積制約に直面する。その制約を克服するためには、非連続なイノベーションによる発電効率の抜本的向上が不可欠となる。

（4）あらゆる選択肢の可能性を追求する野心的な複線シナリオの採用

2050年シナリオに伴う不確実性、先行する主要国情勢から得られる教訓、我が国固有のエネルギー環境から判断し、再生可能エネルギーや水素・CCS、原子力など、あらゆる選択肢を追求する「エネルギー転換・脱炭素化を目指した全方位での野心的な複線シナリオ」を採用する。

102～104頁

第4節 シナリオ実現に向けた総力戦対応

（1）総力戦対応

2050年を見据えたエネルギー転換・脱炭素化の道のりは、可能性に満ちている反面、その過程には数多くの不確実性が横たわる。野心的な複線シナリオを追求し、「より高度な３Ｅ＋Ｓ」の要請を満たすには、世界の競争相手との相対的なポジションを常に意識し、先手を打っていく戦略性が求められる。

日本にとって、このプロセスは、挑戦的なものになる。国内のエネルギー市場の拡大が見込みにくい中、エネルギー転換・脱炭素化をめぐるグローバル競争において強力な国家・企業群に伍していかなければならない。

こうした中で必要なことは、「総力戦」での対応である。エネルギーは国家・経済・社会の礎であり、あらゆる活動の原点である。そのエネルギーが転換期に来ているという認識、危機感をまずは共有する。その上で、脱炭素化エネルギーシステムの課題を正しく抽出し、その解決に向けた果敢な挑戦を行う。同時に、脱炭素化技術による海外での貢献を行い、エネルギー転換の国際連携ネットワークを形成する。エネルギーインフラの再設計を実行し、総合力のあるエネルギー企業と地域に根差した分散型エネルギーシステムの経営を担える企業群を共に育成する。こうした対応により、長期的な視点で行動する金融資本の支持を得ていく。エネルギー転換に向け、政策・外交・産業・金融の好循環を実現することが何より重要である。

エネルギー転換のプロセスでは、技術と人材がエネルギー安全保障の源となる。2050年まで30年余り、現在の10代、20代の人材が2050年の中核を担う。エネルギー転換へのイニシアティブは、長期にわたる技術と人材投資の戦略に他ならない。各選択肢の可能性を追求し、課題を克服して、最適なエネルギー選択につなげていくために、官民を挙げて、継続的な技術革新と人材の育成・確保に挑戦していく。

（2）世界共通の過少投資問題への対処

総力戦対応でエネルギー転換・脱炭素化を進めていく必要があるが、その際、エネルギー価格が変動する中での過少投資問題への対処は避けて通れない。

FIT制度で補助を受けて大量に導入された再生可能エネルギーは、電力価格の変動を増幅し、かつ、政策支援を受けた分だけ価格水準の低下を招く。このことが、本来ならば市場で選択されるはずの他の電源の投資回収を阻害する。再生可能エネルギーの大量導入で先行するドイツでも、この事態を放置すれば、これからは、再生可能エネルギーも含めて、いかなる投資も回収できなくなる可能性があると指摘されている。

他方、技術開発投資、発電投資、送電網の増強投資、分散型ネットワークシステムへの投資、海外への投資など、エネルギー転換に向けてなすべき投資は目白押しである。また、低炭素化・脱炭素化・分散化への試みは同時に着手しなければ、世界のエネルギー競争に劣後するリスクがある。このため、困難な投資環境の中でも予見性を確保し、必要な投資が確保される仕組みを、着実に設計し構築していく。

（3）４層の実行シナリオ

エネルギー転換・脱炭素化に向けた総力戦を具体的に実行していくため、国内政策、エネルギー外交、産業・インフラ、金融の４層に関し、以下に掲げる方向性を基本として、取組を具体化・実行していく。

競争の帰趨は未だ不透明であるという点において、「不確実性」を内包するものである。また、こうした技術の変化は、過渡的にはエネルギー情勢を不安定化させるとともに、エネルギー転換後においても、コア技術を自国で確保しない限り地経学的なリスクが残る。

このように、ここ数年の情勢変化の本質を「可能性」と「不確実性」に求めるとすれば、今問うべきは、日本のリスクと可能性を見極め、可能性を顕在化するための打ち手を構想することである。

エネルギー転換に向けた取組は、必ずしもバラ色の世界ではない。全てのエネルギー源には光も影もある。技術・インフラ・産業構造・政策体系が複雑に絡み合うところに、エネルギー構造の特徴があり、その変革には時間もコストもかかる。他方、エネルギー転換の必然性は世界的な共通課題となりつつある。こうした現実を直視し、エネルギーをめぐる自国の置かれた環境に合わせて、戦略を構築できた国が優位に立つ。

資源小国である日本は、資源の乏しさを技術でカバーしてきた。しかし、最近は低炭素化分野での新興国の台頭が著しく、日本の存在感は相対的に低下している。さらに今、脱炭素化分野での技術革新競争が本格化しつつある中で、仮に、低炭素化のみならず脱炭素化分野でも、世界のエネルギー構造変革への挑戦に躊躇すれば、日本のリスクは顕在化する。

他方、脱炭素化エネルギーシステムはなお開発途上であり、各国の挑戦も試行錯誤にある中、日本は、水素・蓄電・原子力といった脱炭素化技術の基盤を持ち、かつ、資源国と新興国、先進国と緊密な関係を構築している数少ない国である。

こうした日本が保持する大きな可能性を秘めた技術的な資産をどのように活用していくのか、どのような手を打てば日本の潜在力が開花しうるのかという視点で、2050年に向けたシナリオのあり方を検討する。

（２）主要国の比較、全方位の複線シナリオの有効性

主要国は、自然変動型の再生可能エネルギーだけではなく、水力や原子力などの多様な脱炭素化手段を組み合わせたシナリオを採用している。英国は、北海油田の枯渇、石炭の老朽化と原子力の廃炉に直面する中で、再生可能エネルギーの拡大・ガスシフト・原子力維持・省エネルギーといった脱炭素化の手段をバランスよく組み合わせて、CO_2削減に成功している。

他方、ドイツは、省エネルギーと再生可能エネルギー拡大のみで脱炭素化を実現するシナリオを選択しているが、省エネルギーによる需要削減は大きな成果を今のところ挙げていない一方で、再生可能エネルギーの量的拡大と裏腹に原子力が減少しているため、結果として石炭への依存比率は足元で44%であり、CO_2削減が停滞し、電気代も高止まりしている。

また、現在、安価で低炭素な電力システムを達成している数少ない国や地域は、太陽光や風力といった出力が変動する再生可能エネルギーの大量導入国ではなく、仏国やスウェーデン、米国ワシントン州など、水力や原子力を主軸にする国・州が中心である。このことは、現状の技術で安定的な脱炭素化のツールと言えるのは主に水力と原子力であり、変動する再生可能エネルギーだけでは現時点では脱炭素化には及ばない、という事実が示唆される。

（３）我が国固有のエネルギー環境（資源有無、国際連系線の有無、面積制約）

エネルギー選択には国ごとの特殊性・固有性がある。①化石資源の賦存状況、②自然条件で決まる変動再生可能エネルギーの稼働率、③送配電ネットワークやガスパイプライン網などの国際的なエネルギー連系状況、④エネルギー相対価格体系といった点が各国のエネルギー選択を左右する。こうした点に着目した場合、我が国のエネルギー環境は、国内炭を持つ一方で国際電力網を持ち再生可能エネルギーの拡大が容易なドイツよりも、北海油田の生産が減少傾向にあり島国で国際連系線の容量が限られる英国に近いと言える。

再生可能エネルギーの変動を火力で吸収することを回避する有力な手立ての一つとして、国際連系線で再生可能エネルギー立地国と電力需要国を効果的につなぎ、より大きな電力プールを形成して、再生可能エネルギーの変動を吸収することがある。ドイツやデンマークは隣国との電力の融通を電力需給の調整弁として活用する中で再生可能エネルギーを拡大している。欧州ではEU大で国際連系線の容量を増やすという試みに着手している。こうした国際連系線が整備されれば、例えば水力資源が豊富なノルウェーの揚水発電をEUの送電網に組み込み、「グリーンバッテリー」として活用することも可能となる。このような国を超えた連携により変動性の再生可能エネルギーの導入を促進する取組の中にあっても、EU全体での変動性の再生可能エネルギー導入比率は2016年実勢で13%程度にとどまっているのが現状である。高効率で低コストの蓄電技術が必ずしも確立していない現状で、国際連系線を活用して再生可能エネルギーの導入量を大きく伸ばす一部の国はあっても、EUという大きな閉じた電力市場全体で見れば、導入量の拡大にも現時点の技術では課題がある。国際連系線を活用した再生可能エネルギー拡大という戦略は、日本にとって様々な課題があり、再生可能エネルギー

①エネルギー転換実現に向けたエネルギー政策の展開

エネルギー政策は、①税制・FIT制度などを通じ政府が国民の負担から得た資金を分配・投資する資金循環メカニズム、②事業規制などの規制･制度、③市場設計、の３つの基礎の上に成り立っている。革新的な技術開発や投資については、科学的レビューメカニズムの対象となる脱炭素化エネルギーシステムの進捗を見極め､相対的重点度合いを判断する。それに応じてエネルギー転換に資するプロジェクトを的確に選択し、技術開発や人材の育成・確保への取組の充実など、重点的な政策資源の投入を強化していく。また、市場における価格シグナルが、リスク投資を阻害しているとすれば、エネルギー市場設計に相当の工夫が必要である。主要国で先行するポスト電力自由化の市場設計の先行例にも学び、具体化する。そして、規制下におかれている送配電ネットワークの次世代化に向け、送電事業の効率化と並行して必要な送電投資を行う、新たな制度改革の検討に着手する。さらに、エネルギー転換に向けた過少投資問題に対処し、技術に基づくエネルギー安全保障を確保し、低炭素化から脱炭素化に向けたエネルギー転換を実現する。このために政策を展開するとの国の意思と方針を明確に打ち出し、民間の投資判断に予見可能性を与え、その行動を促していく。

②エネルギー転換に向けた国際連携の実現

エネルギー転換・脱炭素化は日本一国で成し遂げられるものではない。日本のエネルギー企業がエネルギー転換に必要な投資需要を十分に確保していくためには海外市場の獲得が欠かせない。我が国のエネルギー起源CO_2排出量は約11億トンであるのに対し、世界の排出量は300億トンを超える。エネルギー転換による低炭素化と脱炭素化は、国内のみならず広く海外でも進めることが効果的である。このため、化石資源に依存する資源国や新興国と協調して低炭素化・脱炭素化に取り組む。さらには、エネルギー転換に向けた国際連携を日本が提唱し、新たなエネルギー外交を展開していく。

IEAの予測によれば、SDGsに基づく持続可能な発展シナリオでも、2040年に化石燃料は一次エネルギー供給の過半を占め、再生可能エネルギーや原子力もその比率は拡大する。特定のエネルギーだけでなく、低炭素化から脱炭素化まで全方位でのエネルギー選択に関する技術を持つことで、資源国から新興国に至るまで、その経済的ステージに応じた提案が可能となる。このことが、我が国のエネルギー安全保障と世界のエネルギー転換への貢献・市場獲得にもつながる。エネルギー転換・脱炭素化に向けた国と国との協力が促されるインセンティブ設計も重要である。既存の二国間オフセット・クレジット制度（JCM）に加え、環境性能に優れた製品・サービス等が普及することによるCO_2削減貢献量の算定手法の提案など、我が国が世界のエネルギー転換に向けた公正・透明・有効なスキームを提案していく。

③エネルギー転換を担う産業の強化とエネルギーインフラの再構築

世界のエネルギー企業は、エネルギー転換のため、戦略を大胆に見直し、事業分野・ポートフォリオの組み換えを行い、世界市場を舞台に展開している。他方、日本のエネルギー企業は、国内市場の依存度が高く、蓄電池・水素開発・次世代再生可能エネルギー・次世代原子力など、既存の枠組みを超えた取組はこれからという段階にある。電力・ガス・石油という伝統的な垣根を越えて、脱炭素化への挑戦を掲げた経営戦略を構想する総合エネルギー企業の出現を期待し、新技術による競争力の向上を目指して、高リスクだが可能性のある事業経営を促す方向で事業環境を整備する。

一方、分散型エネルギーシステムの世界は、各地域に根差した経営マインドにあふれる新興企業が担い手として登場する可能性がある。世界市場を舞台に活躍する総合エネルギー企業群と地域で分散型エネルギーシステムの開発を担う企業群、この世界と地域で活躍する企業群を生み出す事業環境を用意し、それぞれの強みを活かし、エネルギー転換・脱炭素化を加速する構造を作り出していく。

また、この過程で、送電網の次世代化、分散型ネットワークシステムの開発などエネルギーインフラの再構築を加速していく。

④エネルギー転換・脱炭素化に向けた資金循環メカニズムの構築

金融資本市場においても、エネルギー転換・脱炭素化のうねりが企業や産業、社会の持続可能性に与える影響を見極めようとする動きが本格化している。この金融産業に対して、受け身で対応するのではなく、国がエネルギー転換・脱炭素化に向けた政策・外交・産業・インフラ強化のシナリオを打ち出し、これと併せて、エネルギー転換･脱炭素化シナリオを掲げた経営戦略を企業サイドが提案する。こうした国・企業の能動的な提案が、内外の金融資本の支持を集め、必要な資金が供給されて、官民一体となった我が国主導のエネルギー転換・脱炭素化を加速するという、エネルギー転換・脱炭素化に向けた資金循環メカニズムを構築する。

第５次エネルギー基本計画の全文は下記のURLをご参照ください。
https://www.enecho.meti.go.jp/category/others/basic_plan/pdf/180703.pdf

第5章

令和時代のエネルギー政策かくあるべし！

これまで本書では、平成のエネルギー政策の歴史を振り返り、その行き詰まりを指摘してきました。そして、その転換の萌芽となるものが前章の第5次エネルギー基本計画に示されていることを明らかにしてきました。この章では、新しい令和の時代のエネルギー政策はいかにあるべきか、エネルギー業界論を超えた日本という国全体の将来の視点から、多少過激かもしれませんが、いくつかの提言をします。

人気取りで原子力から逃げる安倍政権

今の日本の政治は、果たしてどれだけ真剣に日本のエネルギー問題と向き合っているでしょうか。

例えば、原子力をめぐっては、好き嫌いといった感情的な議論ではなく、国や地球、人類の将来を含めて、もっと大きな捉え方をする必要があります。ところが、現在のエネルギー政策に関する国民の議論は、残念ながら原発を進めるか進めないかの二元論になってしまっています。かつて3・11のあとに音楽家の坂本龍一氏が「たかが電気」という言葉を吐きましたが、原発といっても、所詮は電気なのです。ほかにも一次エネルギーは、いろいろあるにもかかわらず、なぜか原子力のことになるとイデオロギーや政治的な思惑が先立って、原発を進めるか進めないかのオール・オア・ナッシングの議論に終始してしまうのです。それに対する回答を、安倍政権は国民に対してなんら用意しようとしていません。

いまだに原子力がどういう位置づけなのか、あるいはエネルギー全体の電源構想をどうするのかは曖昧なままで、そこに戦略性は見えません。前章でみてきたように、第５次エネルギー基本計画にかすかにその芽は出ているのですが、具体的な政策として何をやるかといわれたら何も見えてきません。わが国が、この新しい令和の時代に、どのようなエネルギー戦略を進めていくのかという理念――それを実現するための具体的な骨太な政策や政策体系が出ていないのが現状です。

安倍政権が特に、原子力についてきちんとした方針を打ち出してこないのは、まずひとつには人気取りのためだと思います。政権を維持するためには、不人気なことはやりたくない。例えば、小泉政権は、消費税の議論を一切封印して成功した。それと同じように安倍政権は、消費税増税を何度か延期したうえで、原子力に関する政策論議の土俵には乗らないということで、失点を抑えようとしていると考えます。国民に不人気なことからは逃げているわけです。

でも、原発を続けるにしても、今のまま何もしないでいては、再稼働も進まず、技術は衰退し、人材は枯渇し、いづれすべては止まります。やめるにしても、電力会社の資産である発電所をどう処理するのか、使用済み燃料を中間貯蔵している立地自治体との関係をどうするのか、青森にある核燃料サイクル関連の施設はどうするのか。民主党政権が中止すると言いながら止められなかった八ツ場ダムの建設を中止するよりはるかに難しい政治判断、関係者との調整、国民の負担が生じます。何よりも、どちらの場合でも放射性廃棄物の最終処分の問題を解決するのは極めて難しい問題として残ります。

しかし、これは、安倍首相だけの責任ではなく、ここ10年、20年、本質的なエネルギー政策に取り組んでこなかった歴代の政権の責任です。この国自身が、経済構造の変革や技術の進展など世界情勢が大きく変化するなかで、一体どう対応していくのかという国民に説明すべき総合的なエネルギー政策の体系を、そもそも持ち合わせていないのが根本の原因だと思います。だから、脱原発か原発再稼働かみたいな二元論に対して、エネルギー政策の全体の体系を示しながら「いやそうじゃない、これからの時代はこうなることが予想されるのだから、このような政策が必要だ。だから原子力は〇〇すべきだ」ということを、国民に見せることができなくなっているのです。第5次エネルギー基本計画をみても、相変わらず電源構成のうち原子力が何割で、再生可能エネルギーは何割で……なんて話に留まっています。そういう小手先じゃない、もっと根本的なエネルギー政策の全体像というのを見せて初めて、原子力の位置づけというものは評価されるべきものであるのに、「やるか、やらないか」という矮小化した話になってしまっています。だから、国民を巻き込んだ原子力に対する議論の土俵すらない、という状況が今なのです。安倍政権は、これだけ強い権力、盤石の政治基盤を持ちながら、そこに挑戦しないというのは、いささか無責任なのではないかと思います。

本来であればエネルギー政策というのは、国家安全保障や食糧安全保障と並んで国の根幹を支える政策です。そのなかで原子力というのは、さまざまな日本の国家安全保障にも関わってくる、その国の根幹にかかわる重要政策であるにもかかわらず、長年にわたって「この国の歴代政権の原子力に政策はありません」といわざるを得ない状況なのは大きな問題です。

特に私が憂いているのは、エネルギー安全保障をめぐる問題です。エネルギー安全保障は、米国をはじめ特定の国に依存しないで自立・独立したエネルギーセキュリティを保てるかどうかということに、その要諦はあります。戦後史をひも解いてみれば、敗戦国日本のエネルギーの自立こそが、国家としての自立につながるという気概を持って、この国の歴代政権の保守政治が動いてきたことは否定できない事実だと思います。田中角栄元首相の目指した石油の自主開発もそうですし、中曽根康弘氏らによる原子力基本法および原子力開発もそうです。もともと石油がほとんど出ない日本は、戦前から東京大学の仁科芳雄教授などを中心に民生用のために原子力開発をしていましたが、終戦直後に研究装置のサイクロトンは連合国軍最高司令官総司令部（ＧＨＱ）によって東京湾に沈められてしまった。それを回復して、民生用の原子力開発を再開するのが原子力基本法の精神だったわけです。

こうした歴史を背景とする、中東依存からの脱却であったし、米国や欧州諸国とは対立的な関係にあるイランと独自の関係をつくり上げたりしてきました。その戦後脈々と積み重ねてきた先人たちの努力や思いが今、ぶれているというか、忘れ去られているのではないかと思います。

エネルギーの自立こそ国家の独立である

これまでの5次にわたるエネルギー基本計画には、必ず資源外交についての項目がありますが、ここに書かれていることは、「産油国に日本の先進的な技術を供与して関係を深めましょう」といった程度のものでした。しかし、このような外交だけが、本当の意味での資源外交をいうのではありません。

そもそも、外交は、国民や国土の安全（防衛）、食糧、エネルギーの3つの安全保障の組み合わせの中で方針を決めるべきです。私は、エネルギー安全保障、食糧安全保障、そして軍事上の安全保障。この3つを語れない人は、国会議員になるべきではないと思っています。例えば、対ロシアとの関係もそうです。ロシアにエネルギー安全保障の一翼を担わせるということにすれば、それは軍事上の安全保障をどうするかという問題につながってきますし、そうすれば北方領土の問題も当然に出てくるわけです。こうしたエネルギーと国の防衛の本質的なことを、常に考えていかなければなりません。

プーチン大統領は、ずっとその本質的なことを言っているのだと思います。日露経済協力として、北方領土でやるウニの養殖のような小さな共同事業を日本側に求めているだけではないのです。パイプラインをつなぎ、鉄道をつなぎ、インフラをロシアとつなげて両国の経済構造を変えていきましょうと構想しているのです。日米安全保障も、もう少し相対化してもらって、同盟国とまではいわずとも、ロシアにとっての安全保障上の脅威をなくしましょうとロシアは求めているわけです。

シベリア抑留や東西冷戦などの両国の歴史の中では、さまざまなロシアの思いがありますが、そうしたものを乗り越えるような大きな選択を日本ができるかできないかです。これこそ、政治の判断なのです。ロシアと喧嘩してでも、米国が影響を持ち、日本の防衛力では守り得ない中東の石油や米国のシェールオイル・ガスに依存するのか、それともエネルギー源の多様化のためにロシアとの安全保障上の緊張関係を緩め、その代わりにパイプラインをつなぎ、場合によっては鉄道もつないで、人、物、エネルギーを行き来できるようにするのか。そういった国家としての大戦略を考えるのがエネルギー外交でありエネルギー安全保障です。

イランとの話もしましょう。２０１９年６月に日本の首相として40年ぶりに安倍首相はイランを訪問しました。これまで日本は、特定の国や地域に偏ることなく、常にリスクヘッジを行ってきたわけです。

米国のオイルメジャーやサウジアラビアなどのアラブ諸国など、革命後のイランとも独自の関係を持ち、アザデガン油田などのイランでの原油の権益を大事にしてきました。かつての通商産業省の中には「イランの油田を守ることが対米自主外交だ」という気概がありました。こうしたことにより、安倍首相は、米国とイランの仲介役を行おうとしたのでしょうが、イラン訪問中にホルムズ海峡で日本船籍のタンカーへの攻撃事件が起こってしまいました。真相はいまだ藪の中ですが、日本とイランの関係が多少微妙になり、これまで積み重ねてきた資産、すなわちオイルメジャーやアラブ諸国に対するレバレッジとしてのイランとの特別な関係を揺るがす可能性も出てきます。仲の良いトランプ大統領のためというお節介だったのかどうかはわかりませんが、果たしてエネルギー安全保障上のイランとの関係の意義を考慮したうえでの外交だったのか。その意味では、ここ数年、戦後日本のエネルギー政策の隠れた主流であった対米依存からの脱却というのが忘れられたエネルギー外交になっている可能性があります。

原子力についても同じことがいえます。核燃料サイクル路線というのは、非核兵器保有国として世界で唯一ウラン燃料の再処理を認めている日米原子力協定とセットです。２０１８年7月に改訂された新しい日米原子力協定は、確かに延長はされたけれども、サドンデスルールのようなもので、いつでもどちらかが一方的に破棄できるようになってしまいました。そういう意味では、「純国産エネルギー」といっている核燃料サイクルを前提とした原子力の継続すら、米国にすべて生殺与奪の首根っこを握られているわけです。そういう意味では、原子力政策を進めるにあたって日米原子力協定は、これまでのような核燃料サイクルを前提とした原子力を守る盾になるのではなく、リスクになってしまったのです。ですから、石油から原子力にシフトすることが、もはや対米自立やエネルギーの国産化につながるわけではなくなったのです。つい先日のことですが、あまりこのことは真剣に議論されていません。

ウランを世界で一番多く産出するカザフスタンという国があります。カザフスタンには、旧ソ連時代から原子力に関する技術が蓄積、集約されており、実はバックエンドの問題も、カザフスタンやロシアと組むことで解決の糸口がつかめるかもしれません。カザフスタンはロシアと組んで、自国でウランを精錬するところから使用済み核燃料の再処理や最終処分までを含めたワンパッケージで、ウラン燃料サイクルのようなものを全部サービスとして提供する構想を持っています。そうするとバックエンド問題は解決してしまう可能性があります。要するに日本は、ウラン燃料を買うのではなくてレンタルすることになる。今もし、こんなことをしたら米国は大騒ぎをすると思います。カザフスタンやロシアのプルトニウムが増えるだけですから。でも、エネルギー政策と外交の選択肢にそのようなものを加えたら、見える地平は全然変わってきます。

このように、ロシア、旧ソ連圏とどう付き合っていくか、米国との関係はどうするのかという大きな選択を迫られる瞬間がいずれ来ます。しかし、安倍政権は、これまでの日本の政治は、そこまでのことを考えて外交をしているでしょうか? 長い目で見た場合のエネルギーセキュリティという点では、従来、特に日本の保守系政治家が戦後持ち続けていた、日本の真の独立に向けた気概のようなものが、ここ数十年はすっかり薄らいで外交が行われているのではないでしょうか。そろそろ戦後75年の泰平の眠りを覚ます準備を、政治は始めるべきときなのではないでしょうか

100年後に向けた構想力が必要

今、世界の潮流は、国境を超えたパイプラインをつないで石油や天然ガスを融通し、国境を超えた直流送電網で電気を融通し合いながら、国内では再生可能エネルギーを最大限活用した地域分散型のエネルギー供給体制をつくるというものになりつつあります。このことは、あとで詳しく述べますが、このような世界の潮流のなか、いつまで日本は国内で閉じた送配電ネットワーク、つながっていない導管網のインフラで、地方の大規模電源から遠く離れた大消費地

ユーラシア大陸における天然ガスパイプライン網

出所：石油天然ガス・金属鉱物資源機構

に大量の送電ロスをしながら大量の電力を送る、というガラパゴス的なエネルギー供給システムでいるのでしょうか。それで本当にエネルギーセキュリティが守れるのか？　世界での競争に生き残れる産業構造になるのか？　という話になってきます。

日本は地政学上、パイプラインをつなげるのは、ユーラシア大陸としかありません。見渡してみればロシア、朝鮮半島、中国と外交関係が難しい国ばかり。あとは、東南アジアです。こうしたことを考えれば外交の基軸が根本的に変わる可能性が出てきます。日本のような人口1億2000万の小さな島国が、単独のエネルギーネットワークのまま21世紀の終わりを迎えるのかどうかは、真剣に考えなければならないと思い

アジアスーパーグリッド構想

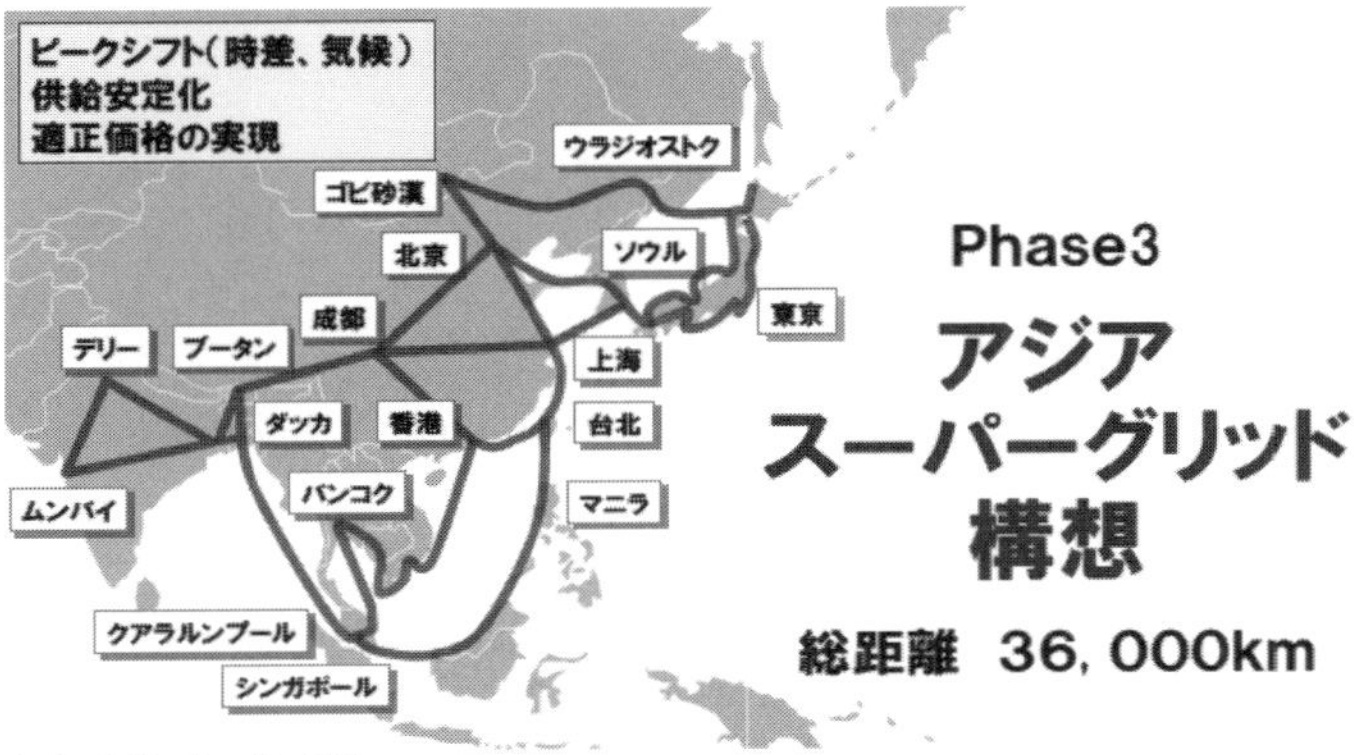

出所：自然エネルギー財団

ます。

天然ガスは、サハリンに限らずロシアのシベリアとのパイプラインをどうするのかということになりますし、直流送電でユーラシア大陸とエネルギーブリッジをつなぐといったことも考えられます。孫正義氏のアジアスーパーグリッド構想なんていうのもありました。今までもそういった話は、民間ベースで出てはいますが、結局いまだに実現に向けた具体的な動きは起きていません。

それは、エネルギーセキュリティの本質的な議論をしていないからです。世界の技術の進展も見なければいけません。今、直流送電の技術は猛烈に進んでいます。超電導によるものも進んでいて、送電ロスのない先端技術が非常に進んでいるなかにあって、そうした技術を取り入れずに日本がガラパゴスでいることとは、エネルギーセキュリティを考えるうえで、本当によいのかという判断だと思います。ここでキーワードになるのは技術であって、技術が進んだときに果たして20年後、30年後、50年後、日本が置かれる状況はどうであろうかというところから逆算して考えなければいけません。そう考えた場合、日本は、ユーラシア大陸とのパイプラインおよび送電網をつなぐ可能性を想定したうえで、国内のインフラや制度の整備をしていくべきでしょう。

何度も繰り返しますが、平成の30年の間、この国はエネルギー政策に関して、実に長く無駄な時間を過ごしてしまいました。これはエネルギーだけでなく、日本の経済全体の問題なのです。この国が一流国から転落するかどうかというのは、エネルギー政策のあり方で決まるのです。この国がエネルギーを買うだけの国になってしまったら、それはもうほかの資源のない二流国と同じです。まだ日本の製造業やエネルギー企業に体力があるうちが、最後のチャンスだと私は思っています。

やはりエネルギー政策というものは、50年後、１００年後の構想力を持たなければいけないのです。50年後には、今では想像できないほどものすごく技術は進歩しているでしょう。私たちが今、夢物語だといっている技術も、実用化されている可能性は大いにあります。ちょっと考えてみてください。今から50年前は、携帯電話もパソコンもありませんでした。黒電話やテレビすらも各家庭にはありませんでした。それが今や、個人がスマートフォンを持つ時代になっ

我が国の広域ガスパイプライン網の現状

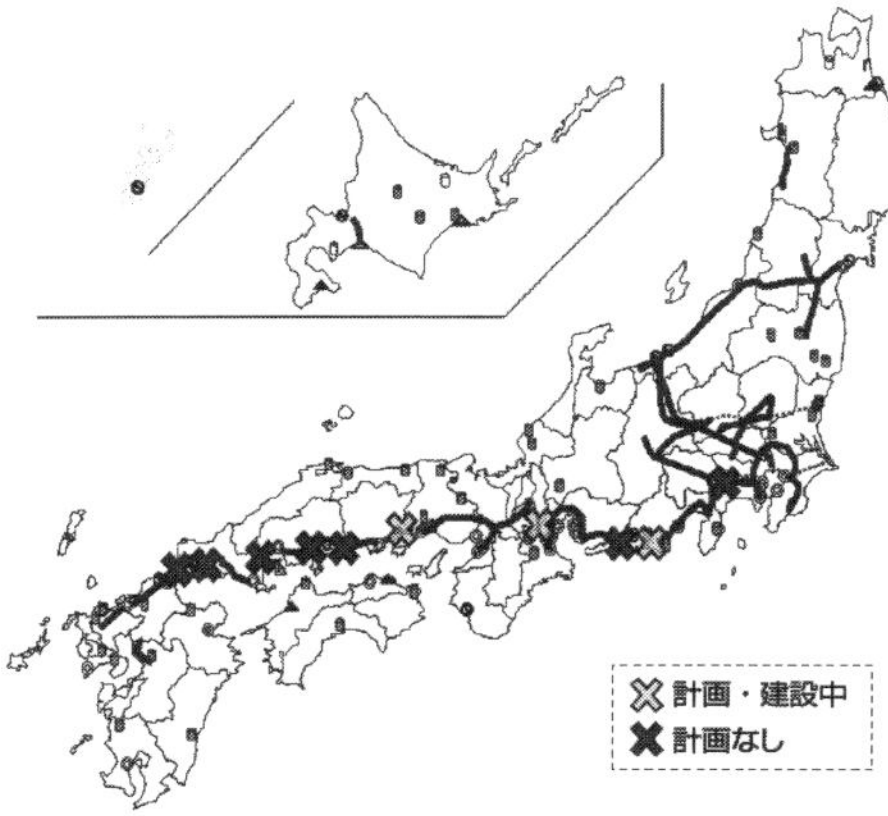

出所：経済産業省資源エネルギー庁

ているのですから。政治家は、そうした観点から、エネルギー政策を構想しなければならないと思います。

国内のガス導管網を早急に整備せよ

私は、まず政治ができることのひとつは、国内のガス導管網の整備を早急に行うことであると考えます。原子力にしろ、再生可能エネルギーにしろ、今の技術ではそれで１００％日本のエネルギーを賄えることはあり得ません。当面、その間をつなぐのは天然ガスです。その天然ガスを使った地域分散型のエネルギー供給システムをつくるためにも、第２章で述べてきたような、上流から下流までの中途半端な規模の企業が乱立する日本の非効率的な化石エネルギーの供給構造を変えるためにも、これは急務です。

例えば、高速道路を道路公団が造ったのと同じように、パイプライン公団のような公的な機関が導管を整備し、公平に利用料を取って建設費を回収し、然るべくあとに民営化してみてはどうでしょうか。

２０２０年にガスシステム改革で行われる導管分離の規定（導管部門をガス製造や小売り部門と別会社にすることを義務づける）は、本来そうしたことを目指して行うべきでした。しかしながら、今回の導管分離規制においては、パイプラインを広く全国の需要家を結ぶ公的なものと位置づけて規制をする、という概念は入りませんでした。確かに東京ガス・大阪ガス・東邦ガスの大手3社については、導管分離を義務づけています。しかし、ＩＮＰＥＸやＪＡＰＥＸという自ら供給区域を持たないけれども、日本海側から関東地方や東北地方につなぐ広域の導管を持った会社は、今回の法律では規制の対象外になっています。ただ大手3社だけ義務づけるという制度改革には、30年後、50年後を見据えたエネルギー供給体制のあり方をどうするのかという理念は見られません。中途半端な誰も得をしない「改革」となってしまったのです。やはり政治の意思が必要なのです。

さらに、ユーラシア大陸との国際パイプラインについても実現化に向けて動くべきときです。第2章などでも述べてきたように、民間の需要に応じて、民間主導で行えといっている限りは、何も動きません。何よりも、日本としての大きな外交戦略に基づいた国家としての意思が必要です。ヨーロッパにしてもロシアにしても、ガスパイプラインのような話は国が主体になっています。どこにルートを引き、どのように到達するか。1本にするのか、2本にしてセキュリティー確保を図るのか。そういったことは、すべて国家戦略そのものなのです。中国の一帯一路構想が、習近平国家主席のもとで進んでいるように、日本国政府にも、そういった構想力が必要なのです。

そのうえで、公的資金を投入して、公的な主体が運用すべきです。このような国際的なインフラがあれば、和製メジャーのような総合エネルギー企業が、国際ハイウェイのようなパイプラインを使って日本にガスを供給し、国内を北から南まで網の目のように通る導管を通じて消費地に届けられ、そのガスを使ったさまざまなエネルギー供給が行われる、というエネルギー供給構造の根本的な転換が実現するでしょう。これに伴って必要となる技術から生まれる経済的、産業的な価値は、果てしなく大きくなっていくでしょう。でも、必要なインフラがないかぎりは、何も始まらないのです。

送電網の体制の変革からナショナル・フラッグ・カンパニーへ

導管網とは異なり、送電網は日本国内を網羅していますが、直流送電や、分散型電源に適したスマートグリッドなど、新しい技術による送配電網の大変革は膨大な投資資金が必要となります。これらは既存の送配電網の更新ですから、民間の資金を活用して民間の手によってやるべきであると考えます。十分に魅力的な投資対象です。そのための膨大な資金の調達を行うためには、エネルギーシステム改革による発送電分離後の地域の電力会社は、おのずと再編を進めて、少なくとも西日本電力、東日本電力といった範囲での広域的な送配電会社にならざるを得なくなるでしょう。そうして、こうした会社が、総合エネルギー企業としての国を代表するナショナル・フラッグ・カンパニーの核になっていくべきだと思います。

この分野は、今まさに技術革新が進み、近い将来巨大な投資フィールドが生まれる分野です。この技術革新の競争に日本の産業も参入しなければ、エネルギーだけではなくて、日本の産業全体も停滞することになるでしょう。本来、超電導とか直流送電などの技術を持っていたのは日本企業であったはずなのに、それが世界のマーケットシェアを握り、利益を上げるような産業に育っていません。それは、国内の電力会社が狭いエリアでの地域独占体制のなかで、20世紀から続くビジネスモデルで利益を上げられるため、新しい技術を取り入れた大胆な投資が行われないからです。

せっかくの日本の世界的な技術力も、国内の制度や供給システムがその普及を促すようなものでない限り、ビジネスとして市場化することはできません。エネルギーシステム改革とは、単なる電力業界、ガス業界の発送電分離や導管分離のための分社化に留まらず、国境も超えたエネルギー供給構造の根本的な変革への第一歩であり、そのことは日本の産業構造そのものを変革するものとならなければならないのです。

こうした構想は、電気事業連合会や日本ガス協会といった従来のエネルギー業界の世界の頭だけでは考えられないことです。今の資源エネルギー庁でも、ここまでのことは考えていても、なかなか一歩を踏み出せません。これこそ政治家が構想し、実現に向けて行動する話ではないでしょうか。

ナショナル・フラッグ・カンパニーへの道

パイプラインや送電網がユーラシア大陸とつながるような時代を見据えると、世界の名だたるメジャーと伍して競争できるナショナル・フラッグ・カンパニー（日の丸メジャー）の登場が必要となります。

では誰が総合エネルギー企業としての国を代表するナショナル・フラッグ・カンパニーになるのか？　ＩＮＰＥＸとＪＡＰＥＸを統合すれば、日の丸メジャーになれるのか？　やはり霞が関の役人ＯＢが経営する会社というのは、本人たちは日の丸だと思っているかもしれませんが、親方日の丸なのであって、日の丸メジャーにはなれないと思います。

ニワトリが先か卵が先かという話になりますが、エネルギー企業が業界ごとに電力会社、ガス会社、石油会社と分断されていて、国際的な交渉力の弱い中途半端な規模であり、それぞれに燃料なり原料を調達するという構造だったから、ＩＮＰＥＸやＪＡＰＥＸには公的企業としての役割があったわけです。逆に民間企業としてのナショナル・フラッグ・カンパニーができれば、ＩＮＰＥＸやＪＡＰＥＸは民間では手は出せないけれど、外交上は意味のあるリスクのある鉱区に投資するとか、国際パイプラインなど国同士の権益や外交上の案件が絡むものをやればよいのです。それ以外の上流権益の確保や生産は、本来民間がやるべきです。ただ、規模の経済が働く世界なので、かなりの大きさが必要です。

私は、まずＩＮＰＥＸやＪＡＰＥＸを統合させるのが最初の道であり、そのうえで公の関与の強い会社としてやるべきことを、極めて限定しなければならないと思います。そして、現実に今、ＩＮＰＥＸやＪＡＰＥＸが多くの権益を持っていて、ノウハウや技術を持っている部分もあるわけです。それらを、純粋な民間企業に移譲していかなければならないと思います。

そのためには、それなりの規模を持った受け皿が必要です。こうした会社をつくるためには、やはり業界の再編が必要です。これまでは、第２章で述べたとおり、それぞれの事業法による縦割りの産業構造でしたが、アンバンドリングによる規制改革が一段落して、電力、ガス、石油の垣根が取り払われる条件が揃いました。そして、現実には今、日本に存在するプレーヤーしか、その主体になるものはありません。メインとなれる企業は、その規模からみて東京電力や関西電力、中部電力、東京ガス、大阪ガス、ＪＸＴＧといった企業ではないでしょうか。それらの企業の再編で、総合エネルギー企業をつくるしかありません。

エネルギーシステム改革により、規制の面では地ならしはかなり進みました。東京電力と中部電力は、共同して燃料部門、火力発電部門の専門会社のＪＥＲＡを設立しましたが、こうしたところが上流部門のＩＮＰＥＸやＪＡＰＥＸとアライアンスを組む受け皿になる第一歩となるかもしれません。

そして、そうしたエネルギー産業の再編の起爆剤になるのは、やはり東京電力です。現在、東京電力は国の管理下にあって、経済産業省の役人が入って影響力を発揮するのは、エネルギー業界にとっては嫌かもしれませんが、起爆剤は東京電力しかあり得ません。東京電力を、このまま国の管理の下で、賠償と廃炉と除染のためのお金を稼ぐだけの「国の奴隷」のような会社にしていたら、日本のエネルギー産業は死んでしまいます。エネルギー産業はおろか、日本経済全体が死んでしまいかねません。

福島第一原発の事故を起こした東京電力が新しいビジネスに乗り出して稼ぎ始めることに対する国民の批判は、確かに大きいでしょう。でも、首都圏の優良な巨大マーケットと送配電ネットワークを抱え、その規模から燃料・原料調達の上流部門にもそれなりの実力を持ち、電力やガスなど総合的にエネルギー供給を行うこともでき、こうしたことを可能とする多くの優秀な人材や技術力を抱え、自らの企業のあり方を根本的に変える必要性がある日本企業は、東京電力を置いてほかにはありません。

これまでの東京電力は、庭先に黙っていても利益を上げられる大きなフィールドがあったため、そこまでアグレッシブに手を広げていませんでした。でも、皮肉なことに、福島第一原発の事故によって、根本的にビジネスモデルを変えなければならない状況に直面したのです。こうしたことから、ほかの電力会社にさきがけて持ち株会社方式にして、持ち株会社の下に送配電会社、発電会社、販売会社を置いて、Ｍ＆Ａ（合併と買収）などによる業界の再編に備える体制をつくっているのです。

ＩＮＰＥＸ・ＪＡＰＥＸが統合して民間性を高め、ＪＥＲＡを媒介として、東京電力とアライアンスを組み、下流部門における大きなロットの需要を確保し、東日本の送電網やＩＮＰＥＸ・ＪＥＰＥＸの持つ広域パイプライン網を押さえれば、ナショナル・フラッグ・カンパニーたる総合エネルギー企業グループに成長していくのではないか、などと夢想します。これにＪＸＴＧや総合商社も加わるようなこともあるでしょう。一方、こうした動きに対抗して、ライバルの東京ガスや関西電力なども「大胆に動かなければ」と尻に火がついてくるでしょう。今後、電力会社、ガス会社、石油会社などの間でのさまざまな大きなアライアンスが進み、業界再編が起こってくるのではないでしょうか。

東京電力がこのような役割を果たすためには当然、原子力部門をどうするのかということを整理する必要があります。これには、原子力政策を再構築しなければなりません。これについてはのちほど述べますが、「事故を起こした東京電力が憎いから懲らしめてやれ」という情緒的な話では、日本経済にとって大きなチャンスをみすみす逃すことになってしまいます。東京電力に羽ばたいてもらうのも、政治の意思が必要となってきます。

外資系の進出を恐れるな

エネルギー業界の再編なんてしようとしたら、外資系企業に買われてしまう。そこから日本の企業を守りましょう、ということをいう人もいます。でも、そういう敗北主義に陥ってはなりません。日本には、メーカーも含め、現場の技術開発能力は世界で通用する優位性があります。しかし、それを統合化して社会的なシステムにして、それをビジネスにして利益を上げるという視点が日本企業には欠けています。分野横断的な技術を組み合わせてシステム化し、リスクを自ら取りながらそれを社会に提供していくという一連の仕事をまとめ上げることが不得手なのです。だからこそ総合エネルギー企業が必要なわけです。単なるエネルギー企業では、もう先がありません。新しい技術を生み出し、それを世に出していくベンチャー的な面までを負う。自ら資金調達をし、その資金の投資までできる企業です。

1億2000万人の人口を擁する国が日本です。資源輸入国であったとしても、まとめれば買い手としてのパワーがあるのです。世界で競争できる総合エネルギー企業が1社ぐらいできて当たり前です。フランスやイギリス、イタリア、スペインだって世界的なエネルギー企業を持っています。そう考えたら、1億2000万人もの優秀な人材と良質な国内市場を持つ国で、外資系企業に負けるなんてことを考える必要はありません。電力会社とかガス会社の枠組みの中でだけ考えているから外資企業を恐れるのです。

既存の日本の主要エネルギー企業の中のアライアンスで組み、総合エネルギー企業を立ち上げることができれば、外資系企業など恐れるに足らず。外資系企業が多少入ってきても、それに支配されることなんてありません。外資企業を恐れてちまちまと保護を続けるよりはむしろ、こちらが主導権を取りながら、逆に外国企業から資金を出させようという思いで自信を持って再編に取り組むべきです。

総合エネルギー企業の誕生は産業構造も変える

このようなエネルギー産業の再編が行われれば、おのずと日本の重電メーカーの競争力も上がってくるでしょう。大きな総合エネルギー企業ができれば、調達も技術開発も外国企業と国内企業を競争させて行うようになっていきます。そこでエネルギー企業と重電メーカー間に緊張・競争関係ができることで、初めて日本の重電メーカーはよみがえるのです。エネルギーに関する新しい技術開発は、総合エネルギー企業と重電メーカーなどと組んで行うことになります。その際には、多くのベンチャー的な企業が重電メーカーとアライアンスを組んだり、重電メーカーがベンチャー的な企業を買収するといったさまざまな動きが起こり、そのなかで日本の重電メーカーは息を吹き返してくるでしょう。

資金面でも、下流部門で巨大な需要を持つ総合エネルギー企業だからこそ、技術開発のための大きな資金を世界の市場から調達することができるようになります。こうして、必然的にメーカーの研究開発や経営のあり方も根本的に変わってくるわけです。それが日本の産業全体の活性化につながっていきます。銀座のクラブで飲みながら「これまでの義理があるから、おたくの会社から買いましょう」というような日本的な経営から、きちんと技術を評価して、その価値に見合うマネーを市場から調達して、ある程度リスクをヘッジしながら取って、革新的な大きな事業を構築していくというような経営に変わっていきます。こうして日本の産業全体の変革にもつながっていくのです。

最近よくいわれますが、平成の30年間で日本は、ものづくりの産業を著しく衰退させてしまいました。人工知能にしても自動運転にしても、さまざまな情報技術を使ったビジネスにしても。あらゆる分野の産業で、世界の中で伍して競争できる、世界の中で勝ち得る産業がなくなりつつあります。そうしたなかで今、日本が世界で勝負することのできる産業は、エネルギー関連産業くらいしかないのではないかと感じています。

25年も前に村田組の通商産業省の若手官僚たちが考えたのは、まさにそれだったわけです。エネルギー産業は、広がりのある産業でありながら、世界の技術が革新され、ビジネス環境が変わっても、古い規制体制を墨守し、縦割りの業界と官民なれ合いのぬるま湯に浸り、世界で通用するビジネスにして育てようとしてこなかった。これにより、重電メーカーをはじめエネルギーに関連するさまざまなそれまで世界に冠たる企業が腐っていったのです。第1章で述べた、腐ったミカン理論がまさに起こってしまったわけです。

今、令和の時代には、腐ったミカンを取り除き、より多くの実を結ぶものに変えていかなくてはなりません。そのために、平成の終わりにエネルギーシステム改革という規制改革を成し遂げたのです。この間に、ＪＣＯの事故や福島第一原発の事故があり、日本人は初めて原子力のリスクを、身をもって認識し、エネルギー政策の根本的な見直しを迫られています。そんなときだからこそ今、エネルギー企業の再編による総合エネルギー企業を誕生させられれば、日本の産業全体の構造転換につながっていくはずです。

原子力政策は勇気ある再構築を

原子力、火力、再生可能エネルギーの各電源には、それぞれ長所・短所があります。それは経済性であったり、環境面での問題であったり、抱えている安全リスクであったりです。一方、技術は日進月歩であり、不確実性を持っているため、時間軸を取ってみれば、それぞれの電源の長所・短所は変わり得ます。ですから、従来のようなどの電源を選ぶか、どの電源を何%にするかといった電源構成のベストミックス論は、少し長い時間軸を取ってみれば、エネルギー政策的には大きな意味はありません。常に、技術の進歩や国際情勢の変化などを想定して、多様な選択肢を用意することが第一であり、しかもそれが経済的にビジネスとして成り立ち得るかどうかという観点から考えなければいけません。まずは、原子力か再生可能エネルギーかという二元論や、環境問題のみ優先させて、行政が電源構成の目標を事細かに決めるような社会主義的なエネルギー政策から脱却しなければならないと強く感じます。

そのなかでも、一番問題になるのはやはり原子力です。

３・11後、それまでの原子力のさまざまな綻びが改めて明らかになりました。全国民が原子力のリスクを実感したことは、原子力をめぐる環境の大きな変化です。膨大な数の国民を不幸な人生に陥れた前代未聞の事故でしたが、原子力事故前の飯舘村の桃源郷のように美しい景観を知る私にとっても、原子力政策の一端に携わった者として、悔やんでも悔やみきれません。第２章で述べた日本人が理解することが苦手なリスクという概念、このリスクを感情的にでなく、科学的に的確にもう一度評価し、反省することが重要ではないか、と私は思うのです。

第３章でみてきたとおり、日本の原子力規制のやり方は、原子力の持つリスクに対してあまりにもお粗末なものでした。「技官のおもちゃ」といわれる技術者による技術開発には、特別会計の予算をふんだんに使いながら、技術開発の側やプラントを運用する側と、安全のための規制を行う側との緊張関係と科学的な観点での対話が決定的にありませんでした。技術の進歩に対して、それを社会に受け入れるための規制や制度をつくるという能力に欠けていたのです。このことは真摯に反省しなければなりません。

しかし、私は、原子力の抱えるリスクが、日本人やあるいは人類が、科学的に乗り越えられないものであるとはけっして思いません。これまでも、ダイナマイトの発明でも、ロケットの開発でも、さまざまなリスクがありながら、人類はそれらの利益を受けてきました。

原子力にしても、遺伝子組み換えなどの生命科学にしても、あらゆる科学技術には未知のものも含むリスクがありますが、特定の科学技術だけがそのリスクを人類は乗り越えられないものとしてあきらめることは、これまでの人類の歴史に照らしても正しい態度とは思えません。可能性がある限り、チャレンジし続けることこそが人類のあり得るべき道なのではないでしょうか。

どの電源を選ぶかによって、日本の経済構造や産業競争力は変わってきます。現段階においては、日本の原子力産業は他国のそれに比べて比較優位があります。リスクを評価したうえで、こうした点もどうとらえるのかということも重要な視点です。

だから、「危ないからやめてしまえ」と感情的になる前に、大失敗の原因は何だったのか、それは技術的に克服することは可能なのか、失敗を繰り返さないための規制などの制度的な対応はできるのかなどの観点から、リスクを的確に評価をし、そのリスクを国民の多くが納得して受け入れられる水準まで極小化する方策を見い出す努力をまずしなければなりません。私は、もう少し原子力技術を冷静に、的確に評価する時間が今必要であると考えます。

原子力は、技術開発は未完であるものの、非常に可能性の大きい技術であることは確かです。ここでいう原子力技術とは、原子炉などのモノを造ったり、発電所を運転する技術だけを指しているのではありません。再処理、最終処分まで含めた技術開発や、新しいリスクの高い技術の安全性を担保するための規制のあり方、長期多額にわたるファイナンス、何かがあったときのリスクヘッジのための保険など、社会が原子力のリスクを理解しながら、それを受け入れるための社会的な制度を含むものです。

しかし、これらの技術はいまだ完結していません。原子炉のあり方にしても、それが軽水炉なのか、軽水炉の中にも沸騰水型原子炉（ＢＷＲ）や加圧水型原子炉（ＰＷＲ）などさまざまなタイプがあるし、技術的な開発や改良の余地があります。はたまた、小型原子炉なのか、あるいはトリウム炉なのか、多様な選択肢があります。原子力といっても、単一のものではないのです。

これまでの原子力政策は、それらを技術的にも時間的にも一直線に進め過ぎてきました。これが日本の原子力政策の一番の問題であり、失敗の根本的な原因です。第2章でみてきたように、「３Ｅの実現」というエネルギー政策を概念上完成させる最後のピースとしてのエースで４番の役割を背負わされた原子力にとって、未完であったり、不完全であったり、多様な可能性があることは許されなかったのです。原子力政策は、将来的な可能性は大きいものの、技術的にも社会的にもあくまでも未完の技術であることを認識したうえで、エネルギー政策の中に位置づけなければならないのです。

今こそ、ギアチェンジをすべきときです。これまでトップギアに入れて高速で走ろうとしてきましたが、現実の道路は曲がりくねっていたり、上り坂や下り坂もあるのです。セカンドぐらいにギアチェンジして、技術開発や原子力産業の全体像を描くといった根本的なところから出直さなくてはなりません。

原発を稼働させなければキャッシュが生まれない、という電力会社が抱える現実的な問題もあるでしょう。しかし、今の状況では、いずれ行き詰まります。持続可能では、ないわけです。これからの原子力は、エースで4番ではなく、将来に向けた育成選手や代打専門になったってよい。原子力にすべてを背負わせるようなエネルギー政策上の役割から、もう少し技術の多様性や可能性をフリーハンドで追求できる政策にしていかなくてはなりません。

同時に、今の時点でまだ世界の中で比較優位を持っている、これまで積み重ねてきた技術的な資源や民間の産業基盤をしっかり守り抜くということを、まずやっていかなければなりません。必要なのは、勇気ある原子力政策の再構築です。そのためにはまず、国の強い意思が必要です。国がリーダーシップを取り、原子力の位置づけを明確にして粘り強く、丁寧に国民の理解を得ていくということが必要です。

高速増殖原型炉もんじゅ

原子力開発のあり方の根本的な転換を

原子力政策を再構築するにあたって、まず今やるべきことは原発を新増設することにエネルギーを費やすことではなく、核燃料サイクルを含むさまざまな未完の技術開発を実行していくための政策を再構築することです。省庁再編前までの科学技術政策は、文字どおり科学技術庁が行っていましたが、現在は文部科学省の管轄です。今のまま、エネルギー特別会計の予算を使って、また原子力村の世界で「技官のおもちゃ」として技術開発を続けることになると、もんじゅの失敗の二の舞を繰り返すというジレンマを抱えることになります。

第５次エネルギー基本計画で強調されていた「技術」と「金融」というのは、重要なキーワードだと思います。資金の付かないような技術開発はやるべきではないということなのです。そこで、官民の役割の見直しが必要です。特殊法人や独立行政法人が行ってきた、今までのナショナルプロジェクトの失敗の歴史から脱却しなければいけません。

実用化に向けた技術開発には、もっと民間のマネーと金融的観点からのチェックを入れるべきですし、それで成り立たない技術開発は原則やらないという仕組みにしなければなりません。例えば、もんじゅのような高速増殖炉は、国の研究開発法人だけでやるのではなく、その運営に民間も一定程度関わるようなやり方にする。その際、長期にわたる投資や不確実な技術開発に伴うリスクをヘッジするためにある程度国が関与するのが、講ずべき政策です。

例えば、原子炉を造るなら、投資を回収しきれない実験炉そのものの建設費は、国の予算でやりましょう、その原子炉を使って研究開発するのは、民間の資金でやりましょうというような官民の役割分担の明確化です。民間の事業としては成り立たない固定費的なところは、行政が背負い、市場化を見据えた事業の実施は民間に任せる。あるいは、税制優遇や国家的なファンドからのお金を入れるなどによって民間の資金を呼び込んだうえで、そこから得られた特許などの知的財産などを民間が得られるようにするのです。こうしたことにより、原子力の技術開発は、事業化の観点から常に市場からのチェックを受けることにもなります。それでも民間が関わろうと実用化に向けた技術開発は、中止も含めて根本的に見直さざるを得ません。

ただし問題は、こうしたやり方で、日本の民間主体の技術開発に本当にマーケットからマネーが供給されるのかという問題があります。実は、すべての日本の産業の問題なのですが、リスクのある技術開発に民間がお金を出して、民間がお金を出すからこそマーケットからのチェックに耐え得る革新的な技術が生まれ、市場でビジネスとして利益を生むということが成功した例はほとんどありません。

私は、かつて経済産業省の生物化学産業課というところでバイオ産業政策に携わった経験があります。当時、日米のバイオ産業には大人と子供以上の差がありました。米国の国立衛生研究所（ＮＩＨ）という国家機関が行うプロジェクトでは、ＮＩＨはタネ銭を出します。そのタネ銭を出すということは、新しい技術開発を最先端で最も権威ある科学的な観点と事業的な観点から評価がされたということですから、民間金融機関がその何倍ものお金を出してベンチャー企業などが研究開発を行い、巨大製薬会社がその技術を買ったり、Ｍ＆Ａを繰り返すことで、ベンチャー企業から新しい薬や技術が巨大なお金を生むという形によって米国のバイオ産業が発展してきました。

このようにタネ銭のような形で、ある程度は国がお金を出すことも必要でしょう。また、技術上の評価は、科学的に権威のある機関が的確に行う必要もあります。経済的な価値やリスクも含めて技術の可能性を評価するのは、本来パブリックなところが行わなければならない部分だと思います。

公と民が役割分担をして、原則は民間がファイナンスできるものについて実用化に向けた研究を行う。民間がお金を出すからこそ、金融的な観点から常にチェックされ、価値のない技術や陳腐化したものは、その瞬間にお金が引いていきます。あるいは多少のリスクがあっても、10年後、20年後に新しい技術のブレイクスルーが実現すれば、また膨大な利益を上げる可能性があれば、ファイナンスの対象となります。こうして、民間のお金を入れやすくなる仕組みをつくって、民間のお金で回るようにしなければならないのです。こうすれば当然、マーケットの評価によって、最悪の場合、原子力開発が止まるということもあり得ます。

しかし、現実には、米国ではビル・ゲイツ氏がオーナーのテラパワー社はすでにこうした民間主導での革新的な原子力発電の開発を始めています。でも、日本の役所も企業も、技術の可能性とその市場化の可能性の両方を的確に評価できる人材があまりにも少ないのが実態です。役所には、専門性のないジェネラリストとしての役人しかいないですし、企業の技術開発部門にはタコツボ化した技術しか評価できない人材しかいません。どういった技術が将来的に日本の産業なり経済をけん引できるのか、あるいは環境や持続可能性といった世界が抱えるさまざまな問題を解決するブレイクスルーになるかという判断できる人材が著しく少ないのです。

世界では、投資家の中に科学的な目利きができたうえで投資の判断ができる人は、数多く存在しています。例えば、米国のバイオ分野であれば、ハーバード大学の医学部を出たような投資家が何人もいます。しかし、日本にそういった技術基盤がある目利きは非常に少ないのが現状です。長期的にマネーを供給するためには、技術を的確に評価できる人材が官民ともに必要です。

その一方で、目先の事業化の見込みはなくても、さまざまな応用的な技術開発の基盤となり得る基礎的な研究は、引き続き大学や国の研究機関でしっかりと続けていくべきでしょう。

こうした新たなスタートを切るためにも、原子力政策の再構築が絶対に必要なのです。脱原発か原発推進かの二択ではなく、原子力は続けるけれども、これまでの原子力開発とは、まったく違う実施体制を国民に示さなければいけません。

求められる原子力業界の再編

原子力の政策の再構築に合わせて、業界の再編も待ったなしとなってきます。直線的な原子力開発、原発の生むキャッシュに頼る電力会社の経営から転換したとき、技術を継承し発展させるためには、ある程度の集約化をせざるを得ません。

そのためには、原子力発電所の運転と新しい技術を開発し、マーケットに出していく２つのことを集約した、専門の会社やコンソーシアムをつくるしかありません。これまでは、「国策民営」と言われて、東京電力から規模の小さな北陸電力まで、それぞれの電力会社がそれぞれに原発を自前で持って運転してきましたが、それぞれの経営判断によって、中核となる企業に集約していかなければならないのではないでしょうか。その中核になり得る存在こそ、日本原子力発電（日本原電）なのではないでしょうか。そもそも日本原電は、そうした目的のためにつくった原発専業会社なのです。日本に原子力発電を導入した当初の、茨城県東海村に東海第一原発を造ったときの原点に、もう一度戻ったほうがよい時期になったのではないでしょうか。

そのためにも、各電力会社や関係企業・機関に分散している技術者をリストラクチャリング（再構築）して、集約しなければなりません。新しい原子力専門会社の第一歩は、日本原電による東京電力・柏崎刈羽原発の運転の受託です。日本原電で今、稼働する可能性があるのは東海第二原発しかありません。しかも40年を経過し、地元との関係からも、諸手を挙げて稼働することに意味がある発電所とは思われないし、そもそも原子力専門の会社がたった1基の老朽化した原発を電力会社からお金をもらって細々と運転し続けるようでは、日本原電の存在意義はありません。柏崎刈羽原発は、新潟県にあってそもそも東京電力の供給区域ではないですし、東京電力がまた原発を動かすというハードルは、地元の住民や国民にとってほかの会社がやるのとは違うものもあるでしょう。

立地地域の住民や国民の理解も納得も得られないまま、原子力規制委員会ともいつ果てるとも知らぬ不毛な議論を進めながら、多くの社員たちが多大な労力をかけて東京電力は柏崎刈羽原発の再稼働を進め、日本原電は東海第二原発の再稼働を進め……と時間だけ過ぎていくのは、まったく無駄だと思うのです。

西日本のＰＷＲ（加圧水型軽水炉）の原発の再稼働が比較的うまくいっているのであれば、西日本で日本原電に並ぶような原発専業会社をつくるという選択肢もあるでしょう。ＰＷＲで安定して稼働できる原発を複数持っている会社なら、ベースロード電源を送電網に供給する会社として、民間事業としてもかなり優良な企業ができる可能性があります。こうした体制になれば、メーカー側でもそれに応じて再編の動きが出てくるでしょう。

日本原子力研究開発機構（ＪＡＥＡ）の役割も当然、変わらなくてはいけません。基礎的な短期的には経済的利益を生まなくても、さまざまな応用技術の基盤となり得る技術研究や安全規制のための技術開発など、公的機関としてのＪＡＥＡがやるべき役割はいろいろあります。例えば、ごく初期の炉の開発のために基礎的なデータを得るための実験とか、あるいは国際的な共同研究を行うために国の関与が必要な問題とか、また核融合などもあります。国際熱核融合実験炉（ＩＴＥＲ）なども含めて、そういうものに特化していくべきであろうと思います。天才的な科学者がパラダイムを変えるような基礎研究も大事ですが、そういった研究は大学などでやるのがよいでしょう。

　しかし、こうしたことを関係者だけで進めても、「原子力ムラの悪あがき」と思われ、別の面から見れば、東京電力救済だと当然いわれます。だからこそ最初に、再稼働のためではなく原子力政策の再構築の一環であるという政策体系を示さなくてはならないのです。それには、まず国がこれからのエネルギー政策の中で原子力をどのように位置づけて、どのような原子力政策の再構築を行ったのか全体像を示さないと、一歩もその先には進めません。3・11後に「国がこうしたことを示すには、やはり政治の強烈な意思が必要なのです。

原子力規制の抜本的再構築が必要

　さらに重要なのが安全規制に関する政策の抜本転換です。

　これまで述べてきたように、福島第一原発の事故で日本人全体が原子力のリスクを、身をもって認識しました。しかし、リスクがあるからすべて止めてしまうのでは、原子力に限らず新しい科学技術開発は何もできません。科学技術には、リスクもあればベネフィットもあるのですから、そのベネフィットという果実を得るためには、リスクを極小化し、人間の手で管理することができるように、最大限の知恵を出しましょうということです。

原子力のベネフィットを得るためには、当然そのリスクをマネージメントするための適切な規制が必要になります。しかし、これまでの日本の規制のあり方は、第2章でみてきたとおり、責任を曖昧にする無責任体制をつくるための仕組みになってしまっています。事業者にとっては、規制とは政府から安全性のお墨付きをもらう儀式でしかありませんでした。一方、安全性の評価自体は政府の役人が責任をもってしているのではなく、原子力安全委員会などの有識者といわれる人たちが「意見を言う」という第三者的にしているだけのものでした。今ですと、国家行政組織法第3条に基づく原子力規制委員会の委員によるものですから、法的な権限に基づいてはいますが。さらにその外にも有識者がいて、その諮問に応じて答申して……と、結局、誰が何をどう評価したかという権限に責任関係がはっきりしたものがありませんでした。

最先端の科学技術であればあるほど、科学者同士の厳格なピアレビューのなかで、どこが安全か、どこが危険かという敷居をしっかりと決めていかなければならないのに、日本の規制はそうはなっていないのです。しかも、何が安全で何が危険かというのを人間が認識するのは、自然科学の世界だけのものではなく、人文社会科学の領域です。国際社会では、新しい規制をつくるときには必ず「なぜ、その基準にしたのですか」、「なぜ、それが安全なのですか」と言うこと安全思想を常に問いかけられます。私が、かつて日本初の国産ジェット機を開発している三菱航空機の社長と話をしたとき、「なぜ、国際的な安全規制がなかなか下りないのか」と聞いたら、「それぞれの機器とか部品とかの物質的な安全性には、絶対の自信がある。でも、なぜ、その水準が安全と言えるのですかと設計思想を問われると、答えられる人材は残念ながら日本の技術者にはいなかった。今はフランス人が担当している」と言っていたことを思い出します。

原子力にしても、遺伝子組み換えにしても、ゲノム医療や創薬の部分にしても、最先端の科学技術が最初に社会に受け入れられるためには、安全性についてのルールをはっきり決めなくてはなりません。それを決めるのは、単なる技術的な安全、物質的な安全、機械工学的な安全だけでなく、「なぜ、それが安全なのか」という社会科学的・人文科学的見地からの規制基準が厳しく求められます。欧米の人たちは、それをやり続けて、これまでの科学技術文明を引っ張ってきたわけです。

しかし、私たちは、これまでキャッチアップ型の経済成長をやってきたため、最先端の技術を社会に導入するために、技術だけではなくそれを社会が受け入れるためのルールを世界で初めてつくるという経験が今まであまりに少ないのです。自動車にしても近代医療にしても、すべて日本初の技術ではありません。日本オリジナルの新しい技術を、自らがルールづくりの先頭に立ち世界に認めさせた例はほとんどないといってよいでしょう。水素自動車にしても人工知能技術にしても、次々に新しい技術が世に出てきますが、今のままでは、私たちは常にトップランナーにはなれません。

原子力も然りです。日本は、原子力技術に比較優位があると述べましたが、それはあくまでも技術の比較優位です。その技術が社会に受け入れられ、世界中で日本の技術による原子力産業を展開していくためには､安全規制自体もイノベーションを起こさなくてはならないのです。「日本の原子力規制は世界一厳しい」と安倍首相をはじめ政府は言っていますが、本当にそうなのでしょうか。例えば、テロ対策を見たときに、原子力規制委員会にテロ対策の専門家がいるのか、軍事的なことがわかる人がいるのかといったら、そういう人材はいない。だから、堅牢な緊急時対策施設を、大金をかけてつくらせるというハード面の対応しかできません。原発の警備員に銃の所有すら認められていないなかで､実際には大した意味のない「世界一厳しい」的外れの規制でしょう。まさに原子力と安全保障という複数分野の融合した知見が求められるのです。

３・11のあとに、これまでの原子力規制体制の欠陥の反省を踏まえて生まれた原子力規制委員会にしても、今度は極端な安全の側に立った科学者としての意見を言うだけになってしまっています。しかし、事業者はそうじゃない。動かしたいという観点から意見を言う。でも残念ながら、そこには経営的な都合が優先して、サイエンスの議論はありません。そのサイエンスの議論も、自然科学のサイエンスだけでは駄目なのです。「この技術は、リスクがどのぐらいあり、それを現在の知見によってどこまで低減することができて、低減したことにより社会に受け入れられるものになるかどうか」という議論や対話を、事業者と規制当局の間で絶えず繰り返し、基準をつくっていく必要があります。規制は、静学ではなく動学なのです。規制は常に動いて進化していかなくてはいけないのです。

事業者も現場で常に安全の工夫をしています。そこに規制当局が同行して、事業者のどのような安全思想に基づき、どのような対策をしたのか、それに対して別の観点から見て、どう思うかを評価するといったことをお互いに徹底してレビューしていかなくてはなりません。国のお墨付きをもらい、国の規制どおりやったからいいじゃないかという、これまでの規制当局と事業者のなれ合いのパターナリズム的関係の下で技術は、世界では通用しません。ですから、原子力規制政策も抜本的再構築を図らなければならないのです。

原子力はベンチャービジネスだ

欧米の多くの企業が原子力から撤退している今、ある意味チャンスともいえます。世界ではウェスティングハウスやGEを見るまでもなく、多くのメーカーが原子力から撤退しています。それは、まさに金融の理論、マーケットの論理から、原子力は儲けにならないと手放したわけです。しかし、比較優位を考えると、世界中で原子力技術に優位性があるのは、どう見ても日本、フランス、ロシアの３カ国だけです。だとすれば、もう少し新しい可能性を追求してみてもよいのではないでしょうか。

しかし、プラントの物質的、機能的な安全性だけで売ろうとするのであれば、原子力は、これからも世界ではビジネスにならないでしょう。燃料の段階から最終処分の段階まで一貫した、安全思想、規制のあり方、社会的な受容についてまでを含めたすべてがパッケージにならないと、原子力技術は、これからの世界では売れないと思います。そして、それらは、これまで欧米の国々も完成していない、フロンティアなのです。

技術レベルでの競争では、もしかしたら中国には勝てないかもしれません。これから日本が中国に勝てる可能性があるのは、知的なものだけです。それも自然科学、社会科学、人文科学を横断し、融合した総合的な知の世界です。機械の性能とかコストといったレベルで話をしている限り、日本の原子力産業には未来がありません。それなら、原子力はもうやめたほうがよいと思います。原子力関係者の凝り固まった頭こそが、日本の原子力の競争力をなくし、原子力推進の一番の障害になっているといったら、言い過ぎでしょうか。

原子力規制は、最先端の科学技術を社会に当てはめる仕事です。そして、その技術は未完であることを認識すべきです。電力会社やメーカーなど、それぞれの現場では完成した技術かもしれません。しかし、全体で見れば、原子力はいまだ未完の技術であることを、原子力業界に関わるすべての人が共通認識としてしっかりと持たなくてはいけません。

未完の技術を完成させ、社会に受け入れてもらうまでを民間ビジネスとしてやると考え、「そのために何ができるか」という発想に立つこと。安全規制は国にお任せ、国民の説得も国にお任せ、自分たちは規制どおりのプラントだけ造ります。でも、その規制が正しいかどうか我々には関係ありませんというのでは、産業として成り立ちません。

これからの原子力は、ある意味でベンチャービジネスです。国策だったときの甘えをなくさなくてはなりません。規制をつくる主体は、事業者ではなく行政です。しかし、公務員だから最良な規制をつくることができないのは、これまで述べてきたとおりです。民間は、国に甘えるのではなく、両者が現場で議論や対話を繰り返しながら最先端の規制をつくっていかなくてはならないのです。そのための土俵をつくるまでが官の役割です。「原子力は国策だから、自分たちがやって当然だ」というような発想を捨てない限りは、この国の原子力産業に未来はありません。

新しい技術を一番に世の中に出していくのです。高速増殖炉だって小型原子炉だって、まだ世の中に出ていない。それを世界で一番に出そうとするなら、安全規制のやり方も自分たちで創造しなければならないのです。それも含めて技術のうちですし、規制のあり方も含めて産業競争力のうちなのです。

日本が、これから欧米諸国や成長著しい中国と互角に戦っていくプレーヤーでありたいのであれば、それを自分たちがやらなければ駄目です。どこかの国の技術をちょっと改良したものだけでやろうというなら、いっそのこと原子力はやめたほうがよい。規制の方法でも世界最先端のものを最初につくるからこそ、新しい技術を使った日本初の産業になり得るのです。その夢や目標を失った途端に、この国は二流国になってしまうでしょう。

原子力関係者の意識改革も必要だ

今、原子力業界そのものが目標を見失った状況にあります。これまで原子力は国策でしたが、もう政府も政治家も経済界も誰もそうは言ってくれない。世の中も受け入れてくれないし、誰も応援してくれない。でも、私は、県民の歌に「世紀をひらく原子の火」と謳われている茨城県に生まれ育って、身近に原子力関係者の優秀な子供たちが友達にいて、毎日、原子力発電所や研究所を見ながら学校に通っていたからなのか、そこまで忌避すべき悪魔の技術とは思えません。将来的に可能性のある技術だと確信しています。だから原子力に期待はするけれども、それに合わせた政策の目的とか方向性を根本的に再構築しない限りは、今のままでは社会に受け入れられないと思います。東京電力の原子力部門を切り離すとか、日本原電を原子力専門会社にするという話も、対処療法的にそこだけを切り取って進めたら、それは受け入れられないと思います。

高レベル放射性廃棄物の最終処分場の問題も、今一度、時間的スパンを見直すことから根本的な政策の転換まで必要でしょう。無理のない原発の動かし方をして、例えば、東日本で5基、西日本で5基などに集約してやるようになれば、それに応じた再処理の計画もできますし、中間貯蔵もできるわけです。中間貯蔵で40年、50年といった十分な時間が取れるのであれば、その間にかなり技術の進歩が見込めます。核変換や減容化の技術革新で、最終処分のあり方もまったく変わる可能性もあります。それには、技術革新の可能性を信じてチャレンジを続けるしかありませんでした。

でも、そうしたことをやっていくためには、これから先の原子力産業は日本社会にとってどのような意味があるのか、そのために原子力政策の全体を、どのように再構築するのかという全体の姿を明らかにしたうえでなければいけないし、それをやるのは、事業者や業界の責任ではなく、政治家がやらなくてはいけない。まさに国の責任なのです。

そうでなければ原子力政策はにっちもさっちもいかなくなります。だって、政治家も官僚もこのままでは誰も積極的にやりたくないのですから。

政治家は、選挙になったら「脱原発！」と安易に叫びがちですが、これだけ使用済み燃料や未利用プルトニウムを抱えて、それぞれの立地自治体との関係もあって、気の遠くなるような額の資金が動いている原子力をやめるのも、続けるのと同じか、それ以上の知恵と労力とさらなる資金が必要となります。でも、今の安倍政権のように、やるともやめるとも言わないまま、この状況を続けることが最悪です。まさに無間地獄です。どのような技術も、最後に支えるのは人です。こうして無駄な時間が過ごしているうちに、どんどん優秀な人材はいなくなります。さらに新しい人材も供給されない。時間が過ぎれば過ぎるほど、原子力に夢を持って取り組んだ世代は退場していき、後始末をするだけの、それしかやったことのない人だけになってしまいます。技術の種を残すのは、時間との勝負なのです。

繰り返しになりますが、原子力関係者は、いまだに「原子力は国策」というお墨付きをもらいたいという思いが強過ぎると感じています。将来の原子力のために、既存の政策を根本的に見直そう、既存の原子力政策を根本から見つめ直してみようという動きにならない限り、私は日本で今後、原子力を進めることは困難だと考えます。

再生可能エネルギーの可能性

３・11以降、「原子力は悪、再生可能エネルギーを進めるべき」といった世論が高まりましたが、そもそも原子力か再生可能エネルギーかという二者択一論をすべき問題なのでしょうか。原子力にしても、再生可能エネルギーにしても、技術的に完結してないのですから。コストや事業性の面での技術的な完成度を見れば、技術的には一定のところに達しているけれども、需要に応じた供給を需要家が受け入れられるコストでできないという意味で、まだまだ未完の技術なのです。

こうした意味で、実は再生可能エネルギーと原子力の条件はあまり変わりません。ただ、それぞれ特性に応じて得意な供給方法や使われ方があります。その得意な使われ方に応じた技術開発をそれぞれで進めればよいのです。

分散型電源として使うのであれば、再生可能エネルギーには十分な将来性があるからこそ、世界の投資はそこに向かっています。しかし、それは、原子力という技術そのものが駄目だから再生可能エネルギーということではありません。あくまで、近い将来のエネルギーマーケットを展望したときに、再生可能エネルギーのほうが投資的に魅力があって、ビジネスとしてのリスクも低いから起こっていることなのです。だから、日本も、再生可能エネルギーの導入を広げるときに、日本の経済にとって再生可能エネルギーを進めることで、どのような利益があるのかを冷静にみなければなりません。

かつて科学技術振興機構（ＪＳＴ）の理事長を務めていた故・北澤宏一先生は、送電技術の革新的な進展をもたらす超電導の世界的な権威でしたが、そのような基礎技術を実用化し、世界へ広めて利益を上げることを日本企業は実現することができませんでした。逆に、高圧直流送電網が発達している欧州の企業のほうが、そうした技術を積極的にビジネス化するために取り入れようとしました。風力や太陽光といった再生可能エネルギーを融通するには、直流送電網が有利であるからです。

もともと日本が世界をリードする基礎技術を持ちながら、それを活かし得るエネルギー供給構造ではない、あるいはその方向に向かっていなかったため、結局それをうまく実用化して、ビジネスにしようとする企業は、日本ではなくヨーロッパで生まれたのです。このことは、エネルギー供給の仕組みが変われば、新しい技術が必ず生まれるということも示しています。

再生可能エネルギーの技術や供給システムは、すでに日本は比較劣位です。しかし、比較劣位だから再生可能エネルギーは捨てますとなったら、日本は、世界のエネルギー産業の競争で完敗する可能性があります。そうなったら、資源もなく、技術もない二流国ということになってしまいます。

あるいは、「日本だけガラパゴスの道を歩んでもいいんだ」と言う意見もあるかもしれません。いつまでも原発とか大規模火力電源を地方に造り、電源立地交付金をそこに渡してお茶を濁し、長大な交流送電線で大きなロスを出しながら遠くにある大消費地に送電して、ＩＴも使わずに職人的な人間の作業に頼り……なんて20世紀の遺物をガラパゴスとしてやるという道もあります。でも、そんな古い技術を守っている国が、エネルギー技術で世界に打って出るなんてことは到底できません。

エネルギーの供給構造そのものを変えないと、新しい技術は価値を持たないし、そこから利益も生まれないわけです。それとともに、新しい技術ですから当然、規制の面も変える必要があります。それには、安全規制の面と経済的規制の面とがありますが、いずれにしても新しい技術体系に対応した規制を創造していかなくてはならない。先に述べた原子力の場合と同様です。それには、いろいろな壁があると思います。停電が起きないようにとか、労働安全の問題とか、テロ対策はどうするのかとか。そういうさまざまな分野の知見を全部インテグレートして技術開発と規制体系の両方を完成することができて、初めてそれは世界で競争し得るビジネスになります。

それには資本の力も必要です。お金を出す人は、この2つの会社を組み合わせて新しい価値を持った技術を実用化しようとか、この会社にあの会社の技術を買わせたら2つが融合するだろうといったことも含めて、マーケット化に向けた技術の目利きになって、その技術を世の中に出るようにしていく。それがビジネスだと思います。でも、日本には、それが欠けているのです。技術の人は技術のことだけで、お金になるかどうかなんてあまり考えたくない。でも、「誰もこの技術を買ってくれない」と愚痴を言うだけというのが、日本の大学発ベンチャーなんかに多い気がします。

今、再生可能エネルギーの普及に一番必要なのは、需要に応じて即時に供給できない再生可能エネルギーを、安定的に供給可能とする、経済性のある技術の開発と、そうした送配電網に既存のネットワークを転換していく、膨大なインフラ投資だと思います。さらに、そうしてできた送配電網を、公平に発電者や需要家が使えるような適正な規制です。それがなければ、ＦＩＴ制度の下でいくら再生可能エネルギーの普及が進んだとしても、本質的なエネルギー供給システムの変革は起こらず、いずれその普及も頭打ちとなり、世界の技術開発競争からも取り残され、再生可能エネルギーを導入すればするほど、日本からお金が出ていってしまうことになるでしょう。

こうした役割を果たし得るのも、これまで述べてきた上流から下流までのあらゆる分野で世界的な競争力を持っている総合エネルギー企業です。ガスの権益も持っている。それを届けるパイプラインや導管網も持っている。一次エネルギーを電気などの二次エネルギーに変えるビジネスも提供している。これらに関連する新しい技術を開発して市場化するための、多少のリスクに耐え得る大きな資金調達能力もある。こうした総合エネルギー企業が、まず新しいエネルギー供給体制のもとでビジネスのイノベーションを興していかなければならないのです。

ここで誤解されないようにしなければなりませんが、あとに述べるように、再生可能エネルギーの担い手は、大企業でなければならないといっているのではありません。ただ、新しい技術ができれば、必ず誰かが利益を上げてほかの誰かが利益を失うわけです。そうしたことも含めて日本のエネルギーをどうするかを考えなければいけない。再生可能エネルギーを導入することで、日本がエネルギーのためにお金を払い続けるだけの国になってはいけないと強く思うのです。

エネルギーと食糧は、生きるために必ず消費しなければならないものです。その消費を単にお金を支払うだけでなく、日本の経済にとって新たな利益を生むものにするためには、どのようなエネルギー供給構造がベストなのかを考えると、第2章でも述べたとおり残念ながら今のＦＩＴ制度導入後の再生可能エネルギーは、そうはなっていません。再生可能エネルギーを進めるためには、そうした視点も持たなければならないと思うのです。

例えば、小水力発電というものがあります。日本は平地が少なく、短く急峻な小さな河川が多い国ですから、小水力で革新的な技術開発を行うことができれば、もしかしたら世界中で売れる技術になるかもしれません。また、森林も非常に多いので、バイオマス発電も技術開発の余地があるのではないでしょうか。地熱発電もサンシャイン計画でやったような大規模なものではなく、地中熱のちょっとした温度差を利用する技術もあります。そうした日本の特色に合った強みの技術は必ずある。ＦＩＴ制度も、そういう技術の市場化を後押しするような制度に改良していくべきです。

日本人が、エネルギーのためにお金を払い続けるだけでなく、新しい技術によって利益を生み、そこで育てられた産業を世界に売り込んで、より大きな利益を得る。再生可能エネルギーも、そんな観点から考えなければならないのではないでしょうか。

ですから、国民もそこは冷静に見てほしい。「原子力は駄目だけれども、再生可能エネルギーはいい」と言うのは、もしかしたら金儲けのため、誰かが言っていることに踊らされているだけかもしれません。それで利益を得るのは、日本人じゃなくて外資系企業というオチですね。

地産地消で地域経済を回す

ここまでは、総合エネルギー企業の創出とか、大きなことばかりいってきましたが、新しいエネルギー供給システムで活躍するのは、そうした大企業、グローバル企業ばかりではありません。森林に囲まれ、川が流れ、利用可能な広大な土地を持っている日本の農村部などは、圧倒的に再生可能エネルギーを活用したエネルギーの地産地消に優位性があります。土地があれば太陽光パネルを張ればよいし、川があれば小水力、森林があればバイオマスをやればよいのです。遠くの原発で作られた電気を高い値段で買う必要なんてなくて、自分たちが使わない余った電気は、どんどん系統に流して、売っていけばよい。そんな地域で完結した数十軒、数百軒単位の小さな系統がクラスターのようになって、お互いに電力を融通し合い、足りない分はお互いバックアップしたり、余った分はプールしたりといった、そういうシステムができる可能性だってあります。エネルギー政策には、エネルギーの地産地消を進めていくという、もうひとつの大きな流れがあるのです。

しかし、そうであってもやはり、どのように日本の産業や経済に活かせるかを考えなくてはなりません。太陽光パネルは海外で、お金を出すのは海外のファンドで、土地を売った人が一時的に土地の売却代金で潤うだけであれば、何のためのエネルギー政策かということになります。

私は、衆議院議員2期目のとき、「田園からの産業革命法案」という法律案を議員立法として作成し、国会に提出しました。今、農村部にはたくさんの耕作放棄地がありますが、そこに太陽光パネル張るためには、農地法に基づいて農地を転用する必要があります。農地を守ることは食料安全保障の重要な要素ですから、今の制度の下ではなかなかそれができません。一方、農家の経費の大きな部分を占めるのが、田んぼに水を汲み上げるモーターの電気代であったり、施設園芸の光熱費です。余っている土地やため池・用水路の上に太陽光パネルを張って、その売電収入でそれらの経費を賄えるようにすれば、農業の競争力を増すことができる。ましてや、モーターを動かすのは１年のうちの一時期ですから、それ以外の季節は売電収入が入ってお釣りがいっぱい入ってくる。その収入で、高性能の園芸施設をつくったり、直売所や農家レストランなどの６次産業化の資金にしたり農業の高付加価値化を図ることができます。農村にはそうした空間がたくさんあるわけですから、農家や土地改良区が電力会社に電気代を払うのはまったくのナンセンスなのです。

「田園からの産業革命法案」は、こうした農家や農村が自らエネルギーを供給し、さらにそこから得る資金を、農業を高付加価値化するために使おうとするときに、計画的に農地などを再生可能エネルギーのために利用することができるとした画期的な法律なのですが、残念ながらまったく審議されないままに終わってしまいました。さらに私は、こうした事業は家族単位の農家ではなかなかできないので、地域で協同組合をつくって、それらが主体となってできるように「エネルギー協同組合法案」というものもつくって、国会に提出しましたが、これも残念ながらまったく審議されずに、私も議席を失ってしまいました。

エネルギー地産地消を進めれば、地域でお金が回り始めます。グローバルな資本にその利益をとられないためには、地域の人たちで共同して事業を行うことが有効です。伝統的な地域共同体や農協（ＪＡ）、生協といった協同組合が大きな役割を果たすことになるでしょう。

このような分散型のエネルギーのシステムに合う技術開発や社会制度をつくっていかなければなりません。例えば、砂漠の中の小さな集落や、地理的条件が悪くて大量のエネルギー供給システムを構築する資金もない途上国などは、すべて分散型電源になっていくわけです。そうした技術や社会システムを日本の比較的成熟した社会で実現できれば、世界中に売れる技術になるはずです。

エネルギー消費には、東京のような大都市や大きな工場だけでなく、日常的な家庭のエネルギーもあります。当然、ガスを使った燃料電池やコージェネレーションなどもあるのですが、それらも含めた分散型のエネルギーと、火力、原子力などの大規模電源のミックスで考える必要があります。原子力か再生可能エネルギーかという二者択一ではなく、両方やる。要は、そこでお金が循環して、それぞれで豊かになる仕組みをつくればよいわけですから。もっと柔軟に頭を使うべきでしょう。それを電源ごとに縦割りにして、いつまでも原子力か再生可能エネルギーかなんて議論をやるより、金は天下の回りものですから、実際にお金が動いて、いろいろな人に豊かさがゆきわたる具体策を考えたほうがよいということです。これも政治が考えるべきことです。

地域エネルギー会社にも役割はある

今、日本瓦斯（ニチガス）が東京電力の電気を売っています。プロパンガス会社は、ガスボンベを運んで各家庭を直接訪れますから、お客様と直接顔がつながるわけです。これは、液化石油ガス（ＬＰＧ）の大きな強み。長年にわたって、日常的にお客様と顔を合わせることができるネットワークや営業力、信用力は大きな財産です。

新しい技術やエネルギー供給システムを消費者に届ける場合、消費者との接点はいくらネットビジネスが発達したとしても、絶対に必要な部分です。エネルギー業界の再編が進んで総合エネルギー企業が出てきたとしても、この数字には表れづらい消費者との接点の価値は決してなくなったり、小さくなるわけではありません。当然、総合エネルギー企業は、そうした地域に密着して営業してきた地域エネルギー企業ともアライアンスを組んで、もっと幅広い営業を可能とするようにするでしょう。総合エネルギー企業のもとでは、これまでのような電力会社は電気を売り、ガス会社はガスを売って、石油会社はガソリンを売るといった枠がなくなります。「ガスをやめてオール電化住宅にしませんか」などという、業界同士の仁義なき戦いをする必要もありません。

ひとつの企業や家庭、地域に対して、ガスや石油などの一次エネルギーを使って、電気はどう賄い、熱はどうやって利用し、車の燃料はどうして、それらをコージェネレーションのようにどう組み合わせてという、従来の業ごとの壁を超えた総合的なエネルギーの利用の提案をすることになります。それにともなって、どういう家を建てて、どういう車を買って、どういう電化製品を入れてといった総合生活支援サービス業ともいうべきものが必要になってきます。例えば、それまで薪屋さんから発展して、地域でガソリンスタンドを経営したり、ＬＰＧを販売したり、自動車を売ったり、ビジネス支援サービスを行ったりと地域に密着して事業を行ってきた老舗会社は、地域での信頼感がありますから、その信用と営業力でこうしたさまざまなワンストップでの生活支援ビジネスを展開する可能性が出てくるでしょう。

分散型エネルギー供給システムになればなるほど、エネルギーの消費のスタイルは多様化します。例えば、日常的なつけたり消したりする電気はバイオマスで、暖房器具は導管網から供給されるガスを燃やした熱を使って、バックアップ電源は大手電力会社に、といった各家庭や地域に合わせたエネルギーのベストミックスが生まれてくるわけです。それは地域ごとに異なり、太陽光が適した地域や、風力、地熱、バイオマスそれぞれに適した地域があるでしょう。当然、そのようなエネルギー源がなくて、やはり大手電力を利用するのがベストという地域もあるでしょう。そうしたコーディネートをお客様に提案できるのは、これまで地域のお客様をつかんでいた会社だけです。お客様が直接、総合エネルギー企業と交渉するのではなくて、地域エネルギー企業が、その間に入って、お客様の立場に立って総合エネルギー企業と取引をできるからこそ、独占の弊害が出ず、新しいエネルギー供給の仕方が適切に消費者に届けられるようになるのです。家庭や工場、企業などに特化したトータルなコンサルティング営業は、これから絶対に必要になってきます。そういうビジネスは、特に地方でたくさん生まれてくるでしょう。これこそ地域の中で今まで信頼を勝ち得てきた地場の企業に比較優位があります。地域エネルギー企業は、業界縦割りの大手企業の下請け営業になるのではなく、エネルギーシステムの大転換を自分たちのビジネスをどう展開していくか前向きに捉えるべきです。お客様との接点を大事にして、新しいフィールドに乗り出すチャンスだと思います。

ただし、そこを外資系企業に取られないことが重要です。郵政民営化で、全国津々浦々の郵便局ネットワークが外資系保険会社の営業ネットワークに組み込まれてしまったように。日本国民のエネルギー消費によって発生するマネーが、地域で回る仕組みをつくらないといけないということです。そうすれば、今までは資源がなくて海外にお金が出ていく一方だった日本国内のエネルギー消費が、今度は地域の中でお金が回ることでさらに何倍にもなって、日本経済が活性化される。そんな仕組みを構築するためにも、そうした地域エネルギー企業を大切に育てていくという視点が、これからの政治には絶対に必要です。

働く人たちによるチェックも必要だ

こうしたエネルギー関係の事業環境の大変革の時代にあって、これからは労働組合に求められる役割も大きく変わります。これまでエネルギー業界は、電力業界もガス業界もそれぞれ縦割りの事業法に基づいた料金規制のもとにありました。電気料金やガス料金の査定を役所が行い、料金が認可され、そこから利益が生まれて従業員に配分されるという特殊な環境のもとでは、交渉すべき相手は政府ですから、経営側も労働組合も利害が一致していました。こうした時代の労働組合は、自分たちの待遇改善を経営側に求めるだけでよかったのです。

ところがエネルギーシステム改革によって縦割りの業法に基づく料金規制がほとんどなくなり、従来のように認可された料金の下で許可を受けた事業で利益を上げていれば済むという業界ではなくなります。エネルギー企業経営は今後、リスクを取らなければベネフィットもなく、リターンも望めません。経営陣は、どのように資金調達をして新しいビジネスやアライアンスを組んでいくかなど、大きな経営戦略を問われることになります。そして、より多くの資金をマーケットから調達しようとすればするほど、投資家からの厳しい監視を受けることになります。

しかし、事業にこれまでになかった新しいリスクが生じれば、従業員にしわ寄せがくることも多々あるわけです。多くの電力会社やガス会社の働く場は、インフラを守る部門です。それ以外の部門は、どんどんアウトソースになっていくでしょう。そうなればなるほど今後は、経営に対する監視と経営戦略に対するチェックや提言が労働組合の重要な役割となり、これまでの労使関係とは違うものが必要になってくるだろうと思います。

まずは、経営者がリスクを適切に判断した経営を行っているかを見る。また、守りの経営だけでは利益が上がらなくなるわけですから、会社の資源を次に向けた投資――適切な設備投資や技術開発投資、人材投資なりに向け、しっかりとした中長期的な経営戦略を描いているのかをチェックする。どこに投資するかは、経営の専権事項だからと指をくわえて見ているのではなく、会社の経営自体に厳しいチェックを常に入れるのも労働組合の役割であり、そこには、労使関係の緊張関係がなくてはなりません。

経営のチェック機能には、まず株主や投資家によるものがあります。それは場合によって、短期的な利益を求めるだけのチェックや影響になる可能性があります。これとは別に長いあいだ家族を守るために働かなければならない、働く側からの中長期的な観点によるチェックがないと、経営のバランスは保たれません。

小泉内閣で民営化され、根本的に環境が変わった郵便局を見てみてください。日本郵政は、海外事業で利益を上げようと焦って、豪州の物流会社トール・ホールディングスを６２００億円もの巨額な資金で買収しましたが結局失敗し、赤字決算となって社員の待遇も犠牲にせざるを得なくなりました。最近でも、簡易保険で無理な営業をさせた結果、不正販売の問題が起こり、雇用環境を不安定にしています。働く人の給与水準や待遇を守るためにも、経営陣が決定的な経営判断の過ちを犯したり、従業員の犠牲を前提にした経営判断を起こさせないためにも、待遇改善と同等に経営を監視しなくてはいけません。

経営側と適正な緊張関係にあっても、会社の利益を極大化させるという目標は同じだと思います。その利益配分をきちんと得るということを前提として、会社の利潤を上げるために協力する。そういう意味では、労使の利害は一致するわけです。かつての民営化された郵便局と同様、エネルギーシステム改革によって競争環境が根本的に変革するからこそ、投資家とは別の観点から経営陣の判断をチェックし、適度な緊張関係を保つ役割を背負うのは労働組合であり、その役割は、ますます重要になってくると考えられます。

大規模なネットワークを維持するには、いくらＩＴが導入されたとしても、現場で働く人が最も重要になります。どのように電力の安定供給を果たしていくか、同じカロリーのガスをどう供給していくか。そういった技術の要を守るには、最後に人の力、現場の生身の感覚が絶対に必要です。そこを守っていくのがネットワーク企業の財産になります。労働組合、また組合員は、ネットワークを維持し、つくっていく現場の貴重な働き手、会社の一番の財産であることを活かして、経営陣をしっかりと監視すべきなのです。

競争環境が激しくなるからこそ、経営陣と協調しなければならないという声も上がるかもしれません。むしろそれは逆であって、適度なチェックをしないと、労働安全面が軽視されたり、安定供給にひびが入ったり、あるいは経営陣が放漫になり、リスクを取り切れない経営を許すことになってしまいます。これからエネルギー業界の大再編が起こるからこそ、労働組合による経営の監視機能は非常に大事になると思います。

国の政策の動向が業界に大きな影響を及ぼすこともあるでしょう。例えば、送配電網や導管網などのネットワークを形成するにあたり、国がどのような投資に対し、リスクをヘッジのための制度をつくれるのか、あるいは新規参入企業との競争条件をどれだけ公正なものにしてくれるのかなど、さまざまな政策に対する観察・分析を行い、経営陣とは、まったく違う視点から働きかけるロビーイングも、これまでも行ってきたでしょうが、ますます重要になってきます。

政策に対して影響力を与えるためには、労働組合が政治に関わることが必要です。エネルギー業界代表として選出された政治家はいてもよいのですが、これまでのように「業界代表」として業界の利益の代弁をする役割というのは、薄くなっていくでしょう。

これまで見てきたように、総合エネルギー企業となった会社は、上流部門から下流部門まで電力、ガス、石油といったモノごとの縦割りではなく、送配電網や導管網などのインフラを守り発展させていきながら、経済活動や生活に関わる幅広いサービスを、新しい技術の開発を行いながら提供していく産業になっていきます。そこには、「業界」という概念はありませんから、電気料金がいくらになるかとか原発を何基動かすかといった個別利益よりも、大きな政策の方向性や規制の運用のあり方などについて対案や具体策を出し、その実現を働きかけていく政治力が求められるのです。

今の日本の政治家に、エネルギー政策に関心を持ち、勉強している議員がどのぐらいいるかといったら、残念ながら果てしなく少ないのが現状です。ですから、自分たちの「業界」の発展のために役立つ議員をつくるというよりも、長い目で見た国家エネルギー戦略や大きな意味での産業構造を理解して、国益に資する政治家を育てるように動いていくべきではないでしょうか。

総合エネルギー政策立案へ体制の抜本転換を

これまでに述べてきたように、エネルギーシステム改革後の新しいフィールドでの総合エネルギー政策を展開するにあたって重要となるファクターは、従来のような「3Eの実現」のための電源構想のあり方のような机上の計算と業界との調整ではなく、技術や金融、日本の産業構造の全体論へと変わっていきます。

私が関わった橋本内閣の行政改革会議では、当時の通商産業省は「各国は、事業活動の場として有利な環境を整備することにより、国家間の競争を自国に有利に進めるよう自国の経済システムの徹底的な改善を進めている」、「各国は、世界の貿易・投資、知的財産権、競争制度など国内外に共通するルールを自国に有利に改め、地球環境問題などの成長に対する制約要因を自国の経済に不利のない形で処理することにより、国家間の競争に勝ち残ろうとしている」（ともに１９９７年６月４日、通商産業省説明資料）。として、「大競争時代」が始まっているとしています。すなわち、グローバル経済の時代とは、ヒト・モノ・カネが国境を越えて動き、競争する時代であるだけでなく、市場の設計や事業者への規制制度、資金循環の仕組みなど、どのようなルールが一番うまくいくのか、という政策自体の国際競争の時代に入っているのです。

こうしたことに、従来の霞が関の行政組織で果たして対応できるのでしょうか。第５次エネルギー基本計画では、「国のみがエネルギー政策の立案・運用に責任を持った形にするのではなく、自治体、事業者、非営利法人等の各主体がそれぞれ自らの強みを発揮する形でエネルギー政策に関与している実態を踏まえ、これらの主体を新たに構築していくコミュニケーションの仕組みにしっかりと位置付け、責任ある主体として政策立案から実施に至るプロセスに関与していく仕組みへと発展させていくことが重要である」（92頁）と書かれています。

これからは、技術と金融を理解していない人は政策をつくれません。一方、技術や金融がわかっていたとしても、政策課題を解決するために、それを政策として法令や予算に落とし込むことができる能力も必要です。残念ながら今の霞が関の人材では、こうした総合エネルギー政策はつくるのは困難でしょう。第3章で述べましたが、現在の官僚は大学を出たあとに事務官、技官に分かれていて、一度役所に入ってしまったら博士号（Ｐｈ．Ｄ．）レベルまで専門性を高めることも、専門性の垣根を超えた学識を積むという機会もないまま、硬直的な人事システムの下で馬車馬のように日常業務をさせられる仕組みになっているからです。

第5次エネルギー基本計画にもあるように、国際的なビジネスの観点からエネルギー政策を立案・実行していくというところに視点がなければ、あらゆるエネルギー政策は失敗すると思います。技術開発が目的になっても失敗するし、数字上の安定供給だけを担うという計画経済になっても失敗するでしょう。ビジネスとして成り立つという視点を持ったところがコアになるべきですが、そこには、例えば、外交上の観点や技術的な観点、金融からの観点なども必要になってきます。また、国土計画的な観点も必要になるでしょう。

こうしたさまざまな観点を広く含めた政策づくりを進めるためには、資源エネルギー庁を従来の経済産業省所管の役所から複数の行政分野にまたがることができる体制にしていくべきだと考えます。エネルギー省をつくるのもひとつでしょう。内閣府の中に資源エネルギー戦略本部のようなものを置いてもよいでしょう。私は、そんな組織いじりより経済産業省の下であってもよいと思っています。むしろ、外交関係を結ぶことが目的になってしまったり、技術開発するのが目的になってしまったりしないという意味では、経済産業省であってよいと思います。

でも本質は、どのような体制にあるのかということにありません。今までの資源エネルギー庁は、結局のところ経済産業省の外局として、電力、ガス、石油業界を所管する庁としての役割が中心だったのです。しかし現在、業所管的な部分は電力・ガス取引監視等委員会に移り、安全規制は原子力規制庁の管轄になりました。ですから、少数精鋭でよいのです。業所管を超えた、幅広い観点からの総合エネルギー政策を立案する、従来の公務員試験に合格した官僚にとらわれない多様なキャリアを持った、ベスト＆ブライテストの人材で構成される組織が必要なのです。

日本には、まだ技術があります。それを担う人材もいます。製造業もしっかりしたものが比較的ある今だから、ここまで述べてきたような総合エネルギー政策を展開することができる可能性がありますが、技術も失い、マネーも失ったら、日本はひたすらエネルギーを買わされるだけの二流国になるだけです。何もしなければ、いずれ近いうちにそうなってしまいます。

我々は今、何をすべきか。冷戦が終結した平成の時代。世界は目まぐるしく変化し、技術の革新はものすごい速さで進み、巨額なマネーが国籍も不明なまま世界中を流れる時代になりました。つい先日まで、道に自転車があふれる風景をテレビで見ていた隣の中国も、ＧＤＰは日本をはるかに追い越し、今や都市には高層ビルが立ち並び、多くの観光客が日本に爆買いに来る国になりました。大競争の時代、どこの国も次の時代に向けて必死になって政策競争をしています。

経済産業省の若い官僚たちが25年も前に、エネルギーシステム改革を構想し、発送電分離などが実現するのは２０２０年。日本の産業構造論としてのエネルギーシステム改革に関する政府の文書となったのは、２０１８年の第５次エネルギー基本計画です。本当に長い無駄な時間を過ごしてしまったと思います。今すぐにでも、資源エネルギー庁を従来の霞が関の制度や文化を越えた組織へと変えていくべきときだと思います。

総合エネルギー政策実現には政治の変革が必要だ

これまで述べたことを実現していくには、政治の主導的な役割を果たさなくてはできないことは明らかです。第４章では、実は第５次エネルギー基本計画が革新的なことを示してきましたが、これとて官僚主導で作られたものです。「アベノミクス」の看板は掲げてはいるものの、安倍首相が、このエネルギー基本計画の策定に何らかの意思を示した姿は見られませんし、政権与党の中で侃々諤々の議論をした結果、これまでのエネルギー基本計画とは一味違ったものを作り上げたということでもありません。むしろ、原子力の問題から、逃げ回っているようにも見えます。

アベノミクスの失敗というのは、地に足の付いた経済構造政策、産業政策がないところにあります。金融の緩和であるとか、あるいは国土強靱化に財政出動をするといった、マクロ的な政策はあっても、それに連なる将来の日本の産業構造を睨んだ具体的な政策が、実はありません。

日本には、世界トップレベルの技術開発を行える人的資源が、原子力にしても、プラント関係や重電関係にしても、ほかのさまざまな製造業においても、まだ存在します。しかし、近い将来にその優位性は失われる可能性があります。今、世界にはありあふれるマネーが出回っています。世界に先駆けてよりよい制度をつくり、適正にリスクを取って、行動を起こせば、そうしたマネーをうまく活用することもできます。今が日本にとってのチャンスだし、何もしなければ何も起きないのです。

エネルギーの分野は、そういう意味では日本にとって非常に可能性のある宝の山だと思います。現状維持には、宝の山はありません。新しい制度をつくるのも、民間では取り得ないリスクをとる仕組みを作るのも公の役割です。これまでのシステムを少しでも変える意思さえあれば、3・11のピンチだってチャンスに変えられるのです。東京電力とか原子力とか、今までお荷物だとして不当に評価され、政治が決断することから逃げてきていたものが、逆にこれからの成長の種になるかもしれないのです。

そのための政治の大きな役割は、まず基本的な方向や方針を示すこと。まずは原子力、再生可能エネルギーの二項対立を超えなくては何も始まりません。今ある原子力をこれからどうするのかということに対して責任を持ち、政治が自信を持って国民に語りかけられるかどうかです。単に原子力が大事だという人も、再生可能エネルギーが大事だという人も、電源構成をどうするかという議論でしか捉えていないわけですが、本質はそうではありません。50年後、100年後の日本の産業構造まで睨んだうえで、総合的なエネルギー政策を構築し、その全体像の中で今何をすべきか、その意思を明確に示し、日本国民に提示することこそが、政治の果たすべき役割です。

ただ、一番根本的な問題は、そもそも政治家がエネルギー政策にそこまでの関心があるかどうかということです。第2章の平成のエネルギー政策の迷走の歴史でみてきたとおり、結局、自民党政権も政権交代後の民主党政権も、資源エネルギー庁の業所管ごとのエネルギー政策を、官僚からレクチャーを受けてやっているだけで、その本質は変わりませんでした。技術の進展や世界の地政学の変化などを展望し、省庁の所管を超えた総合的なエネルギー政策を構築するというのではなく、官僚たちがエネルギー特別会計などを自由に使い、業界とのぬるま湯の中での調整をしてつくってきた政策に、責任者としてハンコを押す、名義貸し人の役割を果たしてきたのが、これまでのエネルギー政策における政治家の役割です。

平成元年の１９８９年に、自民党が社会党に敗れて、自民党は結党以来、初めて過半数を割りました。その後も、細川非自民党連立政権、民主党政権の誕生と、平成の日本の政治は大きな変革を求められる局面に何度も立たされてきました。ところが、民主党政権が倒れたあと、公明党と組んで今日まで政権を長らえてきた自民党は、またも古い権力構造のまま、古い政治を維持してきたのです。役人がつくった政策をそのまま踏襲し、業界の調整と予算コントロールを通じて政策を実行していくという古い政治の体制を、平成の30年間にわたり維持してしまったわけです。

新しい政治は、真の政治主導でなければいけません。エネルギー、食料、軍事の安全保障について、政治家が基本的な理念を打ち立て、その下に官僚組織を統合し、複数の専門家を使いながら、国際的なルールメイキングや民間の力を使った革新的な技術開発を進めるための仕組みを決めていく。制度、ルール、仕組みを決めるのは国権の最高機関たる立法府であり、その立法府のメンバーこそが国会議員です。政治家が立法府においてルールすなわち法律をつくることによって、国を動かしていく。国民は、ルールをつくる正当性を選挙によって政治家に与える。これが民主制度の本質です。日本の政治には、このようなダイナミズムがないから、時代の変革期に合わせて、大胆に制度を変えることができません。ルール、つまり法律を変えないで、政省令とか告示といった法律ではない行政運用のところを変更することにより、弥縫策を続けてきたのが今までの日本の政治です。これが行政主導といわれることの正体です。

エネルギーの問題だけを見ても、どういう政治の体制をつくり、その政治の意思でどういう行政組織をつくり上げるのかということから考えないと、何も動かないのです。この国の未来を見据えた、しっかりとした総合エネルギー政策をつくるためには、既存の政治体制を刷新する必要があります。

自民党の若い政治家にも、エネルギーに関するしっかりとした議論ができる人が、本当は多くいるはずです。当然、旧民主党系の人にもいます。しかし、政治体制に組み込まれた途端、そうした人材が埋もれてしまうのが今の政治の仕組みなのです。そして、表面に出てくるのは、原発か脱原発化という不毛な対立、観点的な論争ばかり。エネルギー政策を政治の場で訴えやすくするには、今の小選挙区制度も変えなくては駄目でしょう。相手より1票でも多ければ当選、少なければ落選という仕組みでは、エネルギー政策のようなマイナーな票にならないことを主張するより、派手なキャッチフレーズを連呼するか、何もいわないでニコニコと頭を下げる政治家のほうが当選しやすいのですから。

今の政治の延長線上には、日本の未来はありません。一人ひとりの政治家を個人で見て評価し、あるいはこういう政治が必要だという軸を立てなくてはなりません。「自民党だから大丈夫」とか、「民主党は悪夢の時代だった」といった、これまたくだらない二元論から離れなくてはいけません。どっちも駄目なのですから。第５次エネルギー基本計画で「完璧なエネルギー源はない」といっているのと同様に、完璧な政党などはないのです。

この国の将来のための総合エネルギー政策の大きな方向性を示し、それを実現するための制度やルールを立法府の場でつくり上げていく能力を持った政治家と、それをできる政治の仕組みが必要だということを、経済人や有識者が広く訴え、国民とも意識を共有すべきだと思います。私も、今は水戸の一素浪人ですが、そんな政治の変革の真ん中で大胆に行動できるように、爪を研いでまいります。

おわりに

製鉄会社の取締役をやっていた私の祖父は、まだ幼い私を膝に抱きながら「鉄は国家なり」と、よく語りかけてきたのを覚えています。広島や神戸の焼け野原を、出征先の満州から帰る列車の中から眺めてきた祖父は、祖国の復興のためにがむしゃらに働いてきました。その世代の日本人は、誰もがそうであったことでしょう。空襲で甚大な被害を受けた高炉を復活させ、世界最先端の高炉を新たに開き、世界有数の製鉄会社へと成長させることに関わった祖父は、日本の復興と高度成長を支えた自負心を、幼い私に伝えたかったのだと、今になって思います。

この「鉄は国家なり」という言葉は、もともとプロイセンの宰相ビスマルクが１８６２年に「現下の大問題の解決は、演説や多数決によってではなく、鉄と血によってなされるのです」と、議会で演説したことに由来するといわれています。帝国主義の時代に、英国やフランスなどとの競争に迫られるなかで、小国が分立していたドイツを統一して強国にするためには、議論ではなく経済力と軍事力が必要であるという趣旨の演説です。

ここでいっている帝国主義時代の富国強兵は、もう過去のものですが、耳障りの良いスローガンの連呼や、一時の大衆の熱狂で政治が動かされているのは、もしかしたら今の日本も同じかもしれません。とりわけ、３・11後のエネルギー政策を取り巻く状況も、そうなのかもしれません。

私は、本書で「原発か、再生可能エネルギーか」という二項対立、二者択一のエネルギー政策ではなく、技術の進展や世界的な資金の動きに注目しながら、小資源国の我が国がただ単に資源や技術を海外から買うだけの国になるのではなく、小資源国であるがゆえに知恵を絞って新しいエネルギー供給システムを創造して、むしろお金を生むような流れをつくっていく令和の時代の姿を展望してみました。

でも、令和の時代をそういう時代にできるかどうかは、もう待ったなしの状況です。スローガンだけが踊る政治、これまでの延長を惰性で続けているだけで本質的な問題から逃げ続けている政治。こうしたものを見るにつけ、私もつい「現下の大問題の解決は、演説や多数決によってはできない」と叫びたくなってしまいます。私も含めて、政治に携わる者が目を覚まさなければならない、そんな強い思いを本書に込めさせていただきました。

いつの時代でも国力を支え、国の発展を担うのは経済であり、経済の語源が経世済民、すなわち「世を経《おさ》め、民を済《すく》う」ということである以上、政治家は、経済のことを第一に考えないわけにはいきません。令和の時代に、日本経済を支え得る産業はエネルギー産業であると、私は確信しています。このような思いを込めて、本書に『エネルギー政策は国家なり』というタイトルをつけさせていただきました。

自らの先祖をたどってみると、ひとりの高祖父・望月磯平は、今の栃木市に栃木電燈と栃木瓦斯を創業し、別の高祖父・江原芳平は、前橋市で利根発電の創業、経営に携わりました。このように、明治の文明開化の時代に、いち早く経世済民のためにエネルギー事業を日本全国各地で興した先人たちによって、日本のエネルギー産業の基盤は築かれました。

その後、この2人がそれぞれ創業した電力会社は合併して、2人はともに利根発電の取締役となり、やがて東京電力の前身である東京電燈と合併することになります。官僚や政治家としてエネルギー政策に携わり、今こうして本書を執筆している私は、先祖たちの足跡をたどっていくと、NHKのドキュメンタリー番組『ファミリーヒストリー』を見ているような気持ちになります。エネルギー産業は、けっして国やお役所がつくってきた冷たい機関なのではなく、生身のその時代に生きた市井の人間たちが泥臭く汗を流しながら支え合い、引き継いできたものなのです。

私が本書で述べてきた、エネルギー産業の大再編の姿と同じように、明治期以降のエネルギー産業も資本の集積や戦争、累次の不況などの荒波の中で再編を繰り返していきます。利根発電が東京電燈と合併するとき、さまざまな反対の声が澎湃と湧き上がるなかで、江原芳平は、「電力合同は時代の大勢にして止むを得ざると共に、財界の覇者たる東電と対等条件にて合同したる点に於て重役の手腕を知るに足る可し」とコメントしたことが『上毛新聞』の記事にあります。

こうして時代の変革のときにあって、その時々の経営者たちがまさに経世済民のために、大局を見て行った経営判断が今の日本のエネルギー産業をつくってきたのです。令和の時代が始まって、国際情勢も世界経済も技術もまさに変革の時代に入っています。ぜひ、本書を読んで、それぞれの立場から「思い切って何かやってみなければ」と思っていただける方がひとりでも多くいらしたら、こんなに嬉しいことはありません。

私も、本書の執筆時点では水戸の一素浪人ですが、来るべきときには必ず自分なりの行動をしていきたいと考えています。

本書を、望月磯平と江原芳平の曾孫にして、総合電機メーカーの電力プラント制御エンジニアとして40年も地道に働いていてきた父と、国政選挙に出馬するなど無茶ばかりして心配をかけてきた私を見守り、育ててくれた母の残り少ない人生に捧げます。

最後になりますが、本書を刊行していただいたエネルギーフォーラム社長の志賀正利氏、さまざまな貴重なご示唆をいただいた20年来の同志である編集部長の井関晶氏、時間に追われながらの編集作業に当たっていただいた出版部の山田衆三氏に、心から感謝を申し上げます。

令和元年8月31日　福島 伸享

<著者紹介>

福島 伸享
ふくしま・のぶゆき

1970年生まれ。茨城大学教育学部附属中学校、水戸第一高校、鎌倉高校などを経て東京大学農学部卒業後、通商産業省（現・経済産業省）入省。資源エネルギー庁において、電力・ガスの自由化や原子力立地、科学技術庁（現・文部科学省）に出向して原子力災害対策特別措置法の立案などに従事。東京財団研究部ディレクター、学習院女子大学大学院非常勤講師、筑波大学客員教授などを歴任。衆議院議員２期ののち、現在浪人中。

エネルギー政策は国家なり

2019年10月25日　第一刷発行
2019年12月21日　第二刷発行

著　者　福島伸享
発行者　志賀正利
発　行　株式会社エネルギーフォーラム
〒104-0061　東京都中央区銀座5-13-3　電話 03-5565-3500

印刷・製本所　大日本印刷株式会社
ブックデザイン　エネルギーフォーラムデザイン室

定価はカバーに表示してあります。落丁・乱丁の場合は送料小社負担でお取替えいたします。

　ISBN978-4-88555-502-2